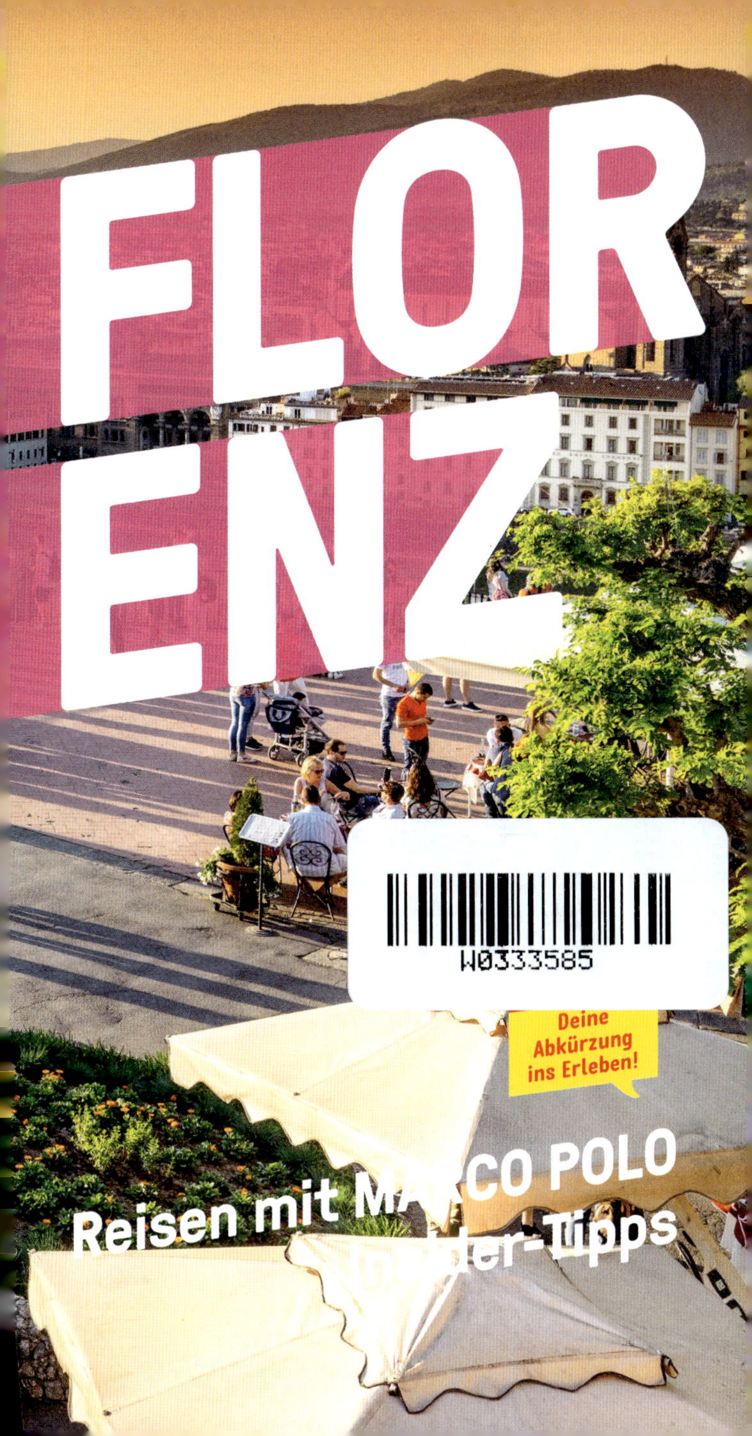
FLOR
ENZ
Deine Abkürzung ins Erleben!
Reisen mit MA CO POLO
-Tipps

MARCO POLO TOP-HIGHLIGHTS

DUOMO DI SANTA MARIA DEL FIORE & CAMPANILE ★1

Man kann schon mal eine Genickstarre riskieren, um Kuppel und Glockenturm nur von unten anzusehen (Foto).

📷 *Tipp: Halt den großen Dom im kleinen Rahmen fest: Nach dem Regen spiegelt er sich in vielen Pfützen*

➤ S. 36

GALLERIA DEGLI UFFIZI ★2

Unzählige Kunstschätze und eine Dachterrasse mit herrlichem Blick.

📷 *Tipp: Monumentale Tiefe: vom Palazzo Vecchio mit Blick zum Fluss, Kamera frontal, leicht nach oben!*

➤ S. 33

PONTE VECCHIO ★3

Wenn der Arno im Lichterschein glänzt, glitzern auch die Juwelen auf der Brücke – bis die schweren Holzläden geschlossen werden.

📷 *Tipp: Bei Dämmerung oder nachts von der Ponte Trinitá aus mit Spiegelung der Häuser im Arno. Kitschig schön!*

➤ S. 28

SANTA CROCE ★4

Im Tod sind sie alle gleich, nur ihre Grabmäler unterscheiden sich. Geh in der Bettelordenskirche der Franziskaner auf Entdeckungstour.

➤ S. 53

SAN MINIATO AL MONTE ★5

Schönste Kirchenromanik mit einem überwältigenden Blick über die gesamte Stadt.

📷 *Tipp: Ganz unten an der Treppe (leg dich fast drauf!) und dann Foto von unten nach oben*

➤ S. 61

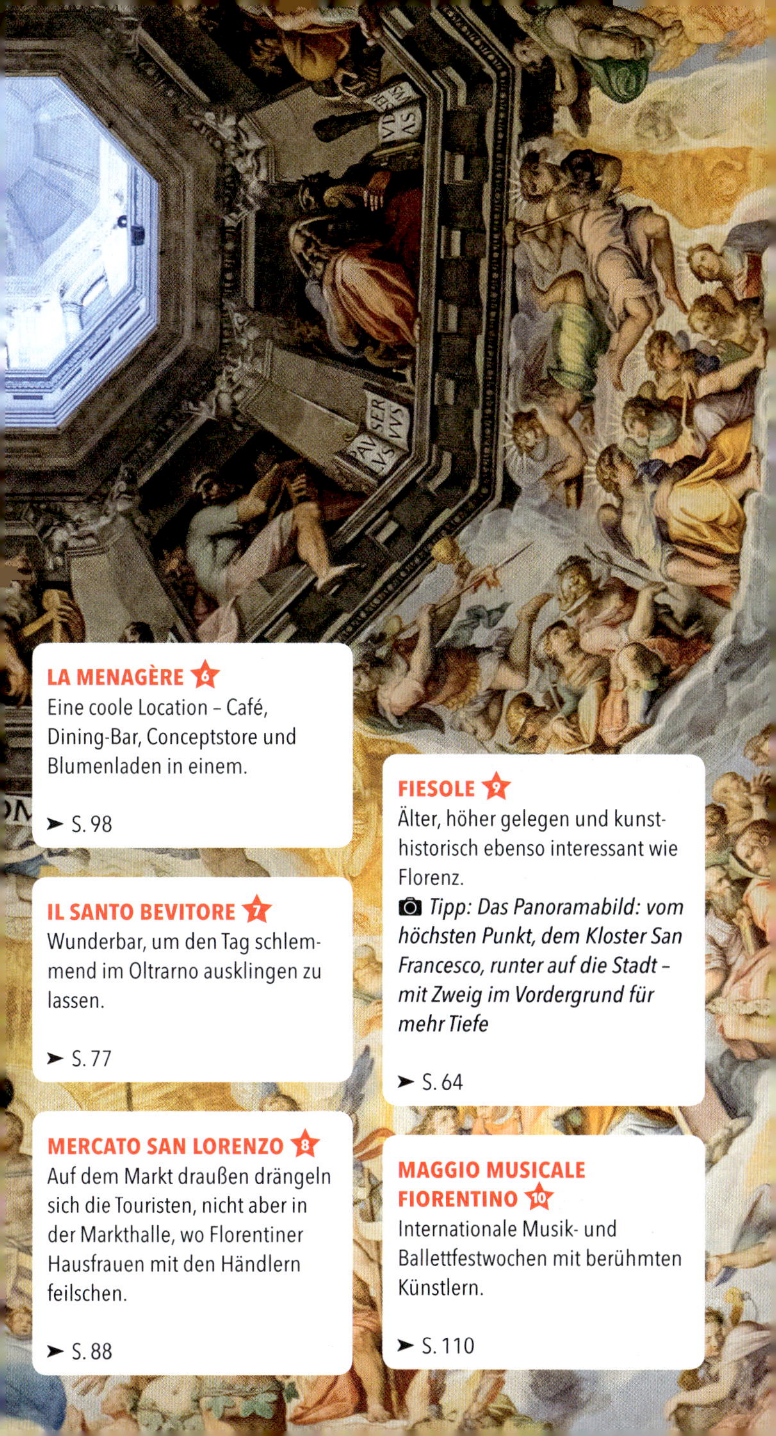

LA MENAGÈRE 6

Eine coole Location – Café, Dining-Bar, Conceptstore und Blumenladen in einem.

➤ S. 98

IL SANTO BEVITORE 7

Wunderbar, um den Tag schlemmend im Oltrarno ausklingen zu lassen.

➤ S. 77

MERCATO SAN LORENZO 8

Auf dem Markt draußen drängeln sich die Touristen, nicht aber in der Markthalle, wo Florentiner Hausfrauen mit den Händlern feilschen.

➤ S. 88

FIESOLE 9

Älter, höher gelegen und kunsthistorisch ebenso interessant wie Florenz.

Tipp: Das Panoramabild: vom höchsten Punkt, dem Kloster San Francesco, runter auf die Stadt – mit Zweig im Vordergrund für mehr Tiefe

➤ S. 64

MAGGIO MUSICALE FIORENTINO 10

Internationale Musik- und Ballettfestwochen mit berühmten Künstlern.

➤ S. 110

INHALT

BESSER PLANEN
MEHR ERLEBEN!

Digitale Extras
go.marcopolo.de/app/flo

⏱	Besuch planen	☂	Bei Regen
€ – €€€	Preiskategorien	🐷	Low Budget
(*)	Kostenpflichtige Telefonnummer	👧	Mit Kindern
		⚑	Typisch

(🗺 A2) Herausnehmbare Faltkarte
(0) Außerhalb des Faltkartenausschnitts

DAS BESTE ZUERST

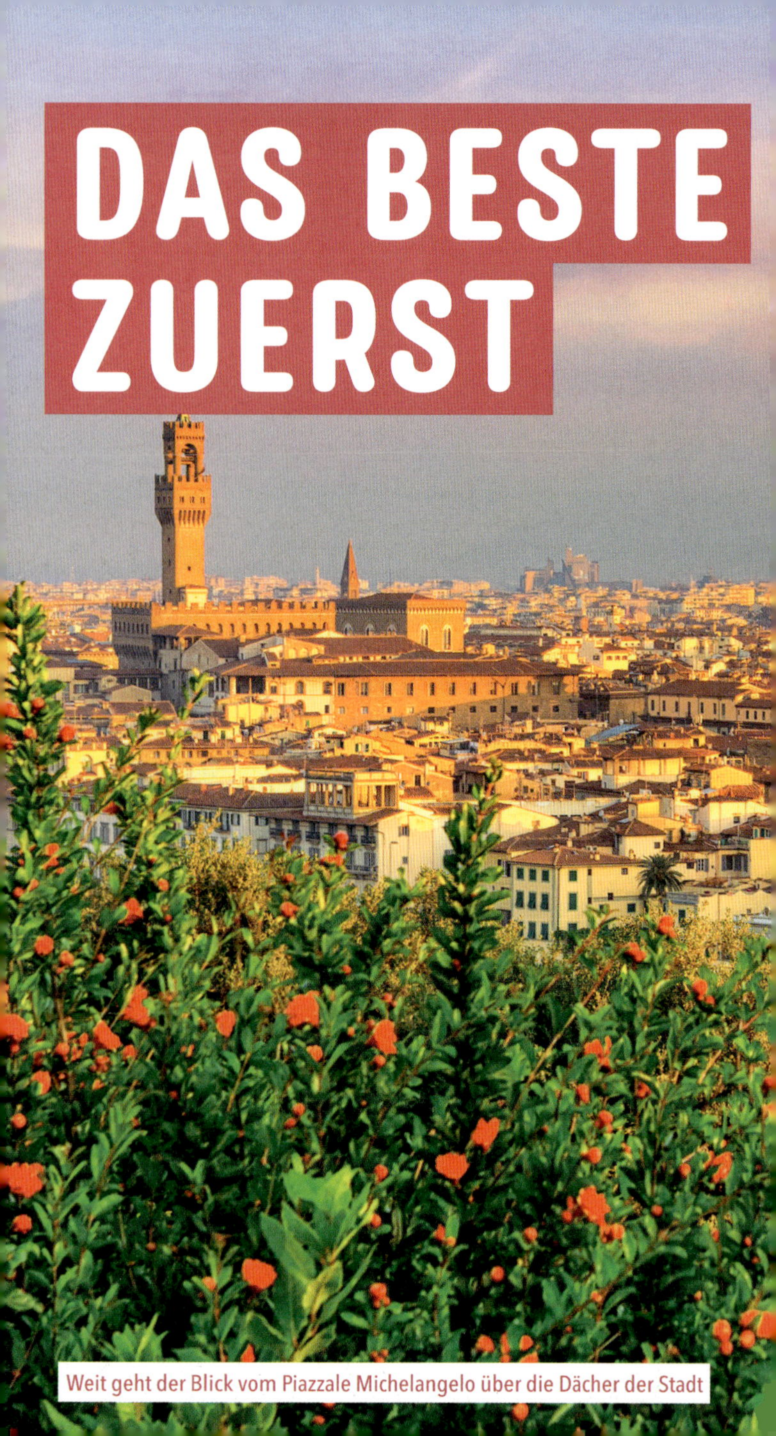

Weit geht der Blick vom Piazzale Michelangelo über die Dächer der Stadt

BEST OF
BEI REGEN

SCHÖN, AUCH WENN ES REGNET

KLEINE OASE ZUM ABSCHALTEN
Im *Museo degli Innocenti* könnt ihr auch bei schlechtem Wetter auf der überdachten Terrasse beim Cappuccino den Blick auf den Dom genießen.
➤ S. 46

7 MUSEEN UNTER EINEM DACH
Einst lebten hier die Großherzöge der Medici und für eine kurze Zeit sogar die italienische Königsfamilie. Heute beherbergt der *Palazzo Pitti* sieben der berühmtesten Museen der Stadt
➤ S. 57

KUNST IM RENAISSANCEPALAST
Moderne Kunst oder alte Meister – die Ausstellungen im *Palazzo Strozzi* (Foto) wechseln zwischen Alt und Neu. In der Strozzina findet ihr meist zeitgenössische Kunst. Und nach dem Besuch dann noch eine Pause im Café des Innenhofs. So kann man auch einen Schlechtwettertag verbringen.
➤ S. 42

AUSZEIT IM WELLNESSPARADIES
Es gibt auch trübe Tage in Florenz – Zeit für einen Entspannungstag im *Asmana*. In Sauna und Hamam tankt man wieder neue Energie und vergisst auch das schlechteste Wetter.
➤ S. 109

FILMTHEATER MIT LOGENPLATZ
Schon die drei Portale des Eingangs sind einladend und bringen euch in die richtige Stimmung. Denn jetzt wird's gemütlich. Mit einem guten Film im schönsten Kino von Florenz , dem *Odeon,* kann man einen regnerischen Abend bestens überbrücken.
➤ S. 103

KAFFEE NONSTOP
La Cité-Libreria Café ist eines der wenigen Cafés, in denen man so lange bleiben kann, wie man will. Lesen, lernen, quatschen, auch wenn draußen die Welt untergeht.
➤ S. 71

BEST OF LOW-BUDGET

FÜR DEN KLEINEN GELDBEUTEL

EINE PAUSE IN DER BIBLIOTHEK

In der Bibliothek *Le Oblate* sitzt man fast ungestört unter Klosterarkaden. Die Domkuppel ist zum Greifen nah, für Kinder gibt es einen Spielbereich. Das Ambiente kostet nichts – da kann man sich schon mal einen Cappuccino und eine *brioche* gönnen.

➤ S. 71

STADTRUNDFAHRT MIT DEM C3

Der kleine *Elektrobus C3* fährt durch die engen Gassen des alten Florenz vorbei an Piazza Pitti, Piazza Santa Croce und überquert zweimal den Arno. Er ist damit die günstigste Stadtrundfahrt – mit 1,50 Euro seid ihr dabei.

➤ S. 137

SPARSAM ESSEN

Nicht, was die Menge angeht, denn beim *Contadino* werden *primo* und *secondo* (also erster und zweiter Gang) plus Wasser und Wein serviert, mittags für 12, abends für 16,50 Euro. Einfache toskanische Küche, sehr gutes Preis-Leistungsverhätnis.

➤ S. 78

APERITIVO-MENÜS

Vor der Pandemie konnte man sich in verschiedensten Bars am Buffet für 10 Euro richtig satt essen. Diese Zeiten sind leider vorbei, aber einige Lokale bieten 18–19/20 Uhr relativ günstige *aperitivo*-Menüs an. Einen richtigen „Vor-Corona-Aperitivo" mit Buffet bekommt ihr noch im *Kitsch 2*.

➤ S. 103

SONNTAGSKUNST

Außerhalb der Saison am ersten Sonntag des Monats in der Stadt? Glück gehabt, denn dann ist *Domenica al Museo*: Alle staatlichen Museen sind kostenlos – von den Uffizien über die Medici-Kapellen bis zur Galleria dell'Accademia mit dem Original-David von Michelangelo (Foto).

➤ S. 136

BEST OF

MIT KINDERN

SPANNENDES FÜR GROSS & KLEIN

GEHEIMGÄNGE
Gemälde, Landkarten – alles nur Tarnung. Dahinter tun sich die *geheimen Gänge der Medici* auf, perfekt, um ungesehen zu fliehen oder wertvolle Objekte zu verstecken. Kurios und spannend für Kinder. Die Associazione MUS.E veranstaltet Führungen im Palazzo Vecchio in kleinen Gruppen.
➤ S. 33

GEHANGEL DURCH BÄUME
Großer Spaß für Klein und Groß. Im *Parco Avventura Vincigliata*, nur 10 Minuten mit dem Auto von Florenz, kann man sich sicher durch die Bäume hangeln.
➤ S. 109

BRUNELLESCHIS KUPPEL ERKLIMMEN
Ausdauer und Schwindelfreiheit brauchen Kinder für die Besteigung der *Domkuppel.* 463 Stufen führen steil nach oben, und es gibt kein Zurück. Auf dem Weg kann man immer wieder aus kleinen Luken auf die Stadt spähen, ihr seht die grandiosen Fresken – und ganz oben: 360-Grad-Panoramablick!
➤ S. 36

ABKÜHLUNG GEFÄLLIG?
Sightseeing im Sommer ist anstrengend und der Arno ist nichts zum Baden. Aber der Parco delle Cascine ist nicht weit und da befindet sich mit dem *Pavoniere* das schönste öffentliche Schwimmbad der Stadt.
➤ S. 62

BEI GALILEO ZU BESUCH
Geräte, Planetenmodelle, das erste Teleskop, Fernrohre, alles ziemlich spannend für neugierige Kinder und Erwachsene. Besonders faszinierend: der interaktive Bereich des *Museo Galilei* (Foto), da könnt ihr selbst Hand anlegen und verstehen, wie was funktioniert.

BEST OF

TYPISCH

DAS ERLEBST DU NUR HIER

JUWELEN AUF DER BRÜCKE

Der *Ponte Vecchio* ist sicher einmalig. Auf welcher Brücke gibt es schon überhängende Läden? Am schönsten, wenn die Lichter der Stadt auf dem Arno mit den Juwelen in den kleinen Brückenläden um die Wette glitzern.

➤ S. 28

MUSEUM STATT BÜROS

Büros *(uffizi)* für die Landesverwaltung sollten hier untergebracht werden, als Cosimo I. den repräsentativen Bau 1559 bei Vasari in Auftrag gab. Zum Glück waren die Medici Kunstliebhaber. Heute sind „die Büros" als *Galleria degli Uffizi* weltberühmt.

➤ S. 33

GELATO ARTIGIANALE

Vom einfachen Milchgeschäft zur weltberühmten Eisdiele: *Vivoli* ist trotz vieler anderer guter Eisdielen immer noch die Florentiner *gelateria* par excellence! Das nach hauseigenem Rezept hergestellte Eis wird aus den Räumen im Herzen von Florenz für besondere Festlichkeiten sogar bis nach Australien verschickt.

➤ S. 72

SANDWICH ALLA FIORENTINA

Ein würziges *panino al lampredotto* oder eine *trippa alla fiorentina* an einem der urigen Büdchen wie dem *Antico Trippaio* (Foto) gehört in Florenz einfach irgendwann dazu. Seid aufgeschlossen und gebt den Florentiner Spezialitäten eine Chance!

➤ S. 78

KUNSTHANDWERKERVIERTEL

Oltrarno ist das echte Florenz. Mit seinen lebendigen Plätzen, dann wieder stillen, kühlen Gässchen, Geschäften, vielen kleinen Werkstätten und Kunsthandwerkerateliers ist die Atmosphäre in *San Frediano* auch heute noch sehr florentinisch.

➤ S. 122

SO TICKT FLORENZ

Kunsthighlights ohne Ende: Galleria degli Uffizi

ENTDECKE FLORENZ

Plötzlich öffnen sich die engen Gassen, und man steht mitten auf der Piazza S. Croce

Wer konnte,59 v. Chr., als Julius Cäsar die Kolonie Florentia gründete, ahnen, dass diese Stadt Jahre später von Millionen überrannt werden würde? Obwohl man hier durch teilweise kleinste Gassen schlendert, ist Florenz eine Metropole, wenn auch im Kleinformat, und sicherlich eine der schönsten Städte der Welt, die jeder auf seine Art entdecken kann.

EINE KLEINE WELTSTADT

Auf Plätzen wird sich gesonnt, am Abend scharen sich Gruppen um Straßenmusikanten, stehen vor Bars und Trattorien. Genießer füllen Restaurants und Enotheken und wählen mit Kennerblick Schinken, Käse, Wein und Olivenöl aus. Gut betuchte Asiaten, Amerikaner und Europäer schleppen glücklich die Last ihrer Einkäufe, die sie auf den noblen Shoppingmeilen erstanden haben. Und irgend-

59 v. Chr. Errichtung in der römischen Kolonie Florentia

13. Jh. Der Florentiner Dante Alighieri macht Italienisch zur Literatursprache

1348 Eine Pestepidemie halbiert die Bevölkerung der Stadt

1420 Baubeginn der von Filippo Brunelleschi entworfenen Domkuppel

1434 Cosimo de' Medici kommt an die Macht, Beginn der Medici-Vorherrschaft

1504 Aufstellung des Davids von

wann begegnen sich alle in den Warteschlangen vor den Uffizien, dem Palazzo Pitti oder der Galleria dell'Accademia wieder. Denn Florenz steht vor allem anderen für die Kunst. Das Ensemble aus Kirchen und Palästen, Plätzen und Gassen, Brunnen und Statuen ist ein über Jahrhunderte gewachsenes Gesamtkunstwerk, das auf der Welt seinesgleichen sucht. Die schönsten Plastiken, Gemälde und Tapisserien sind in den Kirchen und in über 70 Museen der Stadt ausgestellt. Und oft sind die Paläste von herrlichen Gartenanlagen umgeben. Viele von ihnen sind für Besucher geöffnet. Aber auch eine Tür mit ihrem bronzenen Handknauf, ein Fenstergesims oder eine Dachtraufe ist oft ein kleines Kunstwerk. Fast alle Sehenswürdigkeiten kann man zu Fuß erreichen. Kleiner Tipp: Erkundet die pittoresken Gassen abseits der Hauptrouten. Sie sind nicht so bekannt und werden daher in keinem Reiseführer beschrieben, aber wenn man die Augen offen hält, entdeckt man hier genauso viel Besonderes.

IM ZEICHEN DER MEDICI

300 Jahre bestimmte allein eine Familie die Geschicke der Stadt: die der Medici. Mit ihrem Reichtum, ihrem Kunstsinn und ihrem Mäzenatentum prägte sie maßgeblich Entwicklung und Aussehen von Florenz. Den Medici sind viele bedeutende Bauwerke zu verdanken, so der Palazzo Medici Riccardi, der Wohnsitz von Cosimo Il Vecchio mit der wunderschönen Gozzoli-Kapelle, oder die Kirche San Lorenzo mit der ganz mit Halbedelsteinen ausgelegten Cappella dei Principi, dem Mausoleum der Familie. Ebenso gehen die Galleria degli Uffizi mit ihrer

Michelangelo Buonarroti vor dem Palazzo della Signoria

1610 Galileo Galilei wird von Cosimo II. an den Hof der Medici berufen

1865–1870 Florenz ist Hauptstadt Italiens

August 1944 Sprengung aller Brücken bis auf den Ponte Vecchio durch die deutschen Truppen

1966 Hochwasserkatastrophe mit 34 Todesopfern und zahlreichen Kunstschäden

2020–2022 Die Corona-Pandemie lässt den Tourismus stocken weltbekannten Gemäldesammlung oder der Palazzo Pitti mit seinen Kunstschätzen auf die Medici zurück. Auch die prächtigen Medicivillen in der unmittelbaren Umgebung der Stadt sind heute Touristenmagneten. Und es war eine Frau, Anna Maria Luisa (1667–1743), die letzte dieser mächtigen Familie, die in ihrem Testament verfügte, dass „von den Dingen, die zum Schmuck des Staates, zum Nutzen der Öffentlichkeit und als Anreiz für die Neugier der Fremden (!) bestimmt sind, nichts veräußert oder aus dem Gebiet des Großherzogtums fortgebracht" werden dürfe. Als hätte sie es vorausgesehen, welche Bedeutung die Sammlungen in der Zukunft für die Stadt haben würden.

WOHNEN IM ZENTRUM? KAUM BEZAHLBAR!

Als Florenz 1865–71 Hauptstadt des neu gegründeten Königreichs wurde, erlebte die Stadt ihre zweite Renaissance. Aus repräsentativen Gründen ließ man das alte Marktviertel und das mittelalterliche Ghetto abreißen und dafür die Piazza della Repubblica anlegen. Die große Stadtmauer wurde geschliffen und in ihrem Verlauf die breite Ringstraße gebaut, heute eine der wichtigsten Verkehrsadern. Drum herum entstanden großbürgerliche Stadtviertel. Die Stadtplaner haben glücklicherweise immer verhindert, dass sich das jahrhundertealte Stadtbild des Zentrums wesentlich veränderte. Heute lebt hier nur noch der kleinste Teil der rund 368 000 Einwohner von Florenz, denn die Wohnpreise gehören inzwischen zu den teuersten Italiens. Florentiner trifft man daher normalerweise nur noch in der Innenstadt, wenn sie dort zur Arbeit gehen.

VERGANGENHEIT TRIFFT AUF MODERNE

Lange hat diese Stadt fast ausschließlich von ihrer glorreichen Vergangenheit gezehrt. Auch heute tut sich Florenz im Vergleich zu anderen Städten noch schwer mit der Moderne, obwohl versucht wird, ihr immer mehr Raum zu geben. Man bemüht sich, Florenz zu „entstauben", und lässt sich auf Experimente ein. Vom avantgardistischen Theater bis zu Performances ist mittlerweile alles erlaubt und erwünscht. Die historischen Plätze bilden eine eindrucksvolle Kulisse für moderne Installationen und Straßenfeste. Auch das Florenz der Zukunft wird seine Besucher begeistern.

EIN EINFACH KITSCHIG-SCHÖNER AUSBLICK

Wenn man vom Piazzale Michelangelo oder von Fiesole auf Florenz herunterblickt, bekommt man einen guten Eindruck von dem wunderschönen Umland: Der Fluss Arno schlängelt sich mitten durch die Stadt, auf den umliegenden Hügeln die gelb-rötlich leuchtenden Villen und viele Zypressen, die das typische Bild der Toskana ausmachen. In der kalten Jahreszeit kann man an klaren Tagen sogar die schneebedeckten Berge des Pratomagno und des Apennin östlich und nördlich der Stadt sehen. Klingt wie die Beschreibung einer Kitschpostkarte? Ist aber einfach so. Prüft es nach!

AUF EINEN BLICK

368 000
Einwohner

Touristen im Sommer: rund 600 000

Seit 1339

besitzt Florenz als erste Stadt Europas gepflasterte Straßen

149,28 m
Länge des Doms

Drittlängstes Kirchenschiff weltweit

2,2 Mio.
Besucher der Uffizien 2018 (die Zahl wird vermutlich bald wieder erreicht)

Zusammen alle fünf Museen der Berliner Museumsinsel: 2,4 Mio.

REICHSTER FLORENTINER

MEDICI

Umgerechnet 450 Mrd. $ besaß Cosimo Il Vecchio

DURCHSCHNITTS-TEMPERATUR

15,8°C

FRANKFURT/MAIN: 10,0°C

BELIEBTESTER REISEMONAT

AUGUST

Obwohl es dann am heißesten ist

UNESCO-WELTERBE
Weltgrößte Anhäufung international bekannter Kunstwerke – die gesamte Altstadt wurde 1982 zum Unesco-Weltkulturerbe erklärt

URALTE APOTHEKE

Vor über 800 Jahren gegründet und damit eine der ältesten der Welt: die Apotheke von Santa Maria Novella

STRASSENKÜNSTLER
Clet Abraham – macht Verkehrsschilder zu Kunst

DANTE
Literarischer Vater des heutigen Italienisch

FLORENZ VERSTEHEN

ES WIRD MENSCHLICHER: DIE RENAISSANCE

Alles, was man je über diese Kunstepoche (ca. 1420–1600) gehört hat, gibt's hier im Original: die wissenschaftlichen Erkenntnisse von Leonardo da Vinci und Galileo Galilei, architektonische Meisterleistungen wie die der Domkuppel von Brunelleschi oder des Palazzo Rucellai von Leon Battista Alberti und die traumhaften Gemälde von Sandro Botticelli, die in den Uffizien hängen. Und natürlich Michelangelos David ... nicht nur im Original, sondern auch als Souvenir, überall und in allen Formen. Nicht umsonst nennt man Florenz die „Hauptstadt der Renaissance", also die Stadt der Wiedergeburt antiker Ideale. Es war der Trend der Zeit: Im Gegensatz zum Mittelalter wurde jetzt der Mensch ins Zentrum des Geschehens gestellt – nicht nur in der Architektur, sondern auch in der bildenden Kunst und in der Forschung.

MAL WAS NEUES

Als Jeff Koons' glitzernde Popstatue auf der Piazza della Signoria gleich neben dem David platziert wurde, ging ein Aufschrei durchs Netz und durch die Stadt. Michelangelo würde sich im Grab umdrehen, hieß es, und von einer Entweihung der Piazza war die Rede. Koons wollte, dass seine Statue bleibt, die Stadt wollte das nicht. Neue Kunst hat's nicht leicht in Florenz, aber wer sucht, findet einiges. Gleich am Flughafen begrüßt euch Fernando Boteros grandioser „Spatz", Henry Moores „Warrior with Shield" steht im Klosterhof von Santa Croce, der belgische Bildhauer Jean-Michel Folon ist gut vertreten in der Stadt, und Straßenkünstler Clet Abraham macht sich an Straßenschildern zu schaffen. Regelmäßig finden zudem Ausstellungen moderner Kunst statt, vor allem im Palazzo Strozzi versucht man, mit großen Namen wie Bill Viola, Ai Weiwei oder Marina Abramović die Tür zur Gegenwart zu öffnen. Viele Galerien bieten moderne Kunst zum Verkauf, und auch das Museo del Novecento gibt einen guten Überblick. Echte Fans zeitgenössischer Kunst sollten aber einen Trip ins benachbarte Prato zum *Museo Pecci* machen, einem der interessantesten und wichtigsten Museen der Gegenwartskunst Italiens.

INSIDER-TIPP
Moderne Kunst gleich nebenan

FLORENCE FASHION

Made in Italy hieß früher made in Florenz. Graf Gian Battista Giorgini hatte das ewige Kriegsgrau satt und organisierte 1951 im privaten Zirkel seine erste Modenschau. Das Ereignis erregte international Aufsehen und war der Beginn der dann jährlich stattfindenden Schauen im Palazzo Pitti. Die Modewelt schaut jetzt eher nach Mailand, aber unter dem Namen „Pitti Uomo" *(pittimmagine.com)* wird im Januar und Juni immer noch mit großem Erfolg die italienische Männer-

Ein Riesenspektaktel: das historische Fußballmatch *Calcio in Costume*

mode in der Fortezza da Basso vorgestellt, und in dieser Zeit laufen auffällig viele exzentrisch gekleidete Männer durch die Stadt.

GELATO VOM GEFLÜGELHÄNDLER

Nicht nur Kunst und Kultur haben sie gefördert, auch beim Essen hatten die Medici ihre Finger im Spiel. Das Eis, so wie wir es heute kennen, wurde in Florenz „erfunden", im *Vivoli*, einer der berühmtesten Eisdielen der Stadt. Caterina de' Medici (1519–89) hatte einen Franzosen geheiratet (den König, um genau zu sein), aber schon damals war den Italienern das Essen in den Nachbarländern nicht wirklich recht, von daher brachte sie einfach ihr eigenes mit. Vor ihrer Abreise schrieb sie in Florenz noch einen Wettbewerb aus für „das sonderbarste Gericht, das je erfunden wurde". Gewonnen hat ein Geflügelhändler und Hobbykoch mit seinem *gelato*. Das kam natürlich als wirkliche Neuheit auch noch mit nach Frankreich, später wurde es dann zum Welthit. Bis heute verschicken Gelaterien wie das Vivoli ihre Eiskreationen zu besonderen Anlässen schon mal bis nach Australien.

FUSSBALL MIT FAUSTHIEBEN

Emilio Pucci, weltberühmter Modeschöpfer und ehrenwerter Bürger von Florenz, war sich nicht zu fein, sich vor noch nicht allzu langer Zeit beim historischen Fußball, dem *Calcio in Costume,* begeistert im Sand zu wälzen. Die Florentiner sind eben absolute Fußballfans – und das schon seit dem 16 Jh.!

Schon dem Arkadenhof ihres Palastes sieht man an, dass die Medici Kunstfans waren

Beim großen Finale laufen zu Ehren des Stadtpatrons San Giovanni am 24. Juni 54 Einwohner aus zwei der vier historischen Stadtvierteln in mittelalterlichen Kostümen auf der Piazza Santa Croce auf und hauen, schlagen und treten sich. Manchmal rennt auch einer mit dem Ball. Eine Mischung aus Rugby, Boxen und Fußball auf dem Feld, im Publikum hemmungslose Begeisterung. In den letzten Jahren wurden die Regeln allerdings etwas verschärft: Miese Schläge auf den Kopf sind jetzt verboten, und Vorbestrafte und Kriminelle müssen zu Hause bleiben, damit's sportlich bleibt. *(calciostoricofiorentino.it)*.

SIE HERRSCHTEN, SIE BAUTEN

Vielleicht säßen heute Akten stapelnde Stadtbeamte in den Uffizien, den Palazzo Pitti hätte man abgerissen und durch Wohnhäuser ersetzt, die Kunstschätze wären verkauft. Das wusste eine großartige Frau zu verhindern. Anna Maria Luisa de' Medici (1667–1743) hat in ihrem Testament verfügt, dass alle Güter und Kunstschätze der Familie in den Besitz der Stadt übergehen sollten. Eine Statue und eine bescheidene Inschrift an der Kirche San Lorenzo danken es ihr. Sie war die Letzte einer erstaunlichen Familie, der Medici.

Durch Bankgeschäfte wurden die Medici reich, über Jahrzehnte beherrschten sie die Stadt und verhalfen ihr mit kluger Politik, ausgeprägtem Kunstsinn und geradezu verschwenderischem Mäzenatentum zur heutigen Schönheit. Sie ließen monumentale Stadtpaläste, Landvillen, Brücken und Kirchen bauen und förderten vor allem großzügig Künstler.

Der „Vater der Renaissance", Cosimo Il Vecchio (1389–1464) fing damit an, sein Enkel Lorenzo (1449–92) machte erfolgreich weiter. Schon der Beiname „Il Magnifico", „der Prächtige" sagt alles! Als er nur 42-jährig starb, war es ihm in den 23 Jahren seiner Regierungszeit gelungen, fast das ganze Gebiet der heutigen Toskana zu erobern und Florenz zum geistigen und kulturellen Mittelpunkt Europas zu machen.

FEST IN TOURISTISCHER HAND

Das Zentrum gehört nach einer coronabedingten Zwangspause wieder den Touristen. Florenz hat wenig Industrie und lebt daher überwiegend vom Tourismus. Annähernd 15 Mio. Übernachtungen zählte die Provinz Florenz jährlich vor der Pandemie. Auch wenn diese Zahlen noch nicht wieder erreicht sind, erholt sich die Tourismusbranche zunehmend! Trotzdem wird nach der ruhigen Corona-Zeit mit den anfangs gespenstisch leeren und dann angenehm bevölkerten Straßen die Frage lauter, wie es mit dem Massentourismus weitergehen soll. Bis jetzt ist von Veränderung allerdings wenig zu spüren. Die Schlangen vor den berühmten Sehenswürdigkeiten sind nicht kürzer geworden.

TÜCHER, GELD UND BANKEN

Zu seiner Blütezeit im Mittelalter beeinflusste Florenz Politik, Handel und Kunst in ganz Europa. Die Stadt war reich und mächtig, nicht zuletzt durch ihren florierenden Tuchhandel und dank des 1252 in Florenz geprägten

KLISCHEE KISTE

ALLES KUNST

Das ist kein Klischee, das ist eine Tatsache. Und darauf sind sie mächtig stolz, die Florentiner, wenn sie beim Sonntagnachmittagsspaziergang gepflegt durch die Stadt flanieren und ihre eigene Kultur bewundern. So gepflegt geht's aber nicht immer zu. Beim historischen Fußball zum Beispiel gibt's schon mal Knochenbrüche, aber auch, wer naiv einen Zebrastreifen überqueren will und so den Verkehr behindert, kann Zorn und wüste Beschimpfungen ernten. Die Auswahl an Flüchen und Schimpfwörtern in Florenz ist jedenfalls kaum zu überbieten, nicht mal vom größten bayrischen Grantler.

FAMILIE GEHT ÜBER ALLES

Groß, laut und fröhlich, denkt man sich so, aber die italienische Familie schrumpft gewaltig: Der Durchschnitt liegt gerade mal bei 1,33 Kindern. Dafür bleiben die Kinder der *mamma* lange erhalten. Im Studium ist es die absolute Ausnahme, dass man in eine WG zieht, und wenn's dann mal rausgeht, heißt es oft „kaufen statt mieten". Da legen auch Omas, Opas, Tanten und Onkel gern was dazu, denn im Eigenheim lebt sich's in Zeiten steigender Mietpreise einfach entspannter – meistens aber nicht im schönen *centro*.

fiorino, der ersten Goldmünze, die bald zum vorherrschenden Zahlungsmittel in ganz Europa wurde. Auch unser heutiges Bankwesen hat seine Wurzeln in Florenz. Aus dem *banco,* dem Tisch der Geldwechsler, entstand das Wort Bank. In Florenz wurden auch die ersten Wechsel und Schecks ausgestellt. Florentiner Bankiers finanzierten die Unternehmungen von Päpsten und Königen. In der Stadt selbst brach ein wahrer Bauboom aus; Kirchen und Paläste entstanden. 1296 beschloss der Rat der nun 100 000 Einwohner zählenden Stadtrepublik, den mächtigen Dom zu bauen.

GRUNDSTEIN DES AUFSTIEGS

Die Stadt blickt auf eine über 2000-jährige Geschichte zurück. Funde belegen, dass hier schon zur Villanova-Zeit um 1000 v. Chr. eine Ansiedlung bestanden haben muss. Im Jahre 59 gründeten dann die Römer eine Veteranenkolonie im Arnotal, die sie Florentia nannten. Das Forum lag an der Stelle der heutigen Piazza della Repubblica. Auf die Römer folgten Langobarden und Karolinger, und im Jahr 845 vereinigte Lothar, ein Enkel Karls des Großen, die Grafschaft Florenz mit dem nahen Fiesole. Bereits 1115 war Florenz faktisch eine autonome Gemeinde, und der Grundstein für seinen glanzvollen Aufstieg war gelegt.

STADT DER TALENTE UND GENIES

An kaum einem anderen Ort wirkten und lebten so viele weltbekannte Künstler wie in Florenz. Es ist beinahe unmöglich, alle Maler, Bildhauer, Baumeister, Dichter und Philosophen aufzuzählen, die im Lauf der Jahrhunderte an der Gestaltung der Stadt beteiligt waren und so zu ihrem Ruhm beitrugen. Die erste künstlerische Glanzzeit der Stadt lag im 14. und 15. Jh., als hier u. a. Dante seine „Göttliche Komödie" schrieb und Giotto, Orcagna und Masaccio ihre beeindruckenden Fresken in den Kirchen schufen. Brunelleschi baute die grandiose Domkuppel, und Alberti formulierte die theoretischen Grundlagen für die Kunst der Renaissance. Viele andere folgten. Im 16. Jh. erlebte die Stadt durch die Arbeiten von Michelangelo, Raphael und Vasari einen weiteren künstlerischen Höhepunkt.

NOTVERSORGUNG SEIT 1244

Krank im Urlaub? Die Misericordia weiß da seit fast 800 Jahren Abhilfe. Ärzte aller Fachrichtungen praktizieren direkt am Domplatz in der *Ambulanz der Fratellanza della Misericordia (Sprechzeiten für Touristen Mo–Fr 14–16 Uhr | Vicolo degli Adimari 1)* – und zwar für ein noch relativ „barmherziges" Entgelt. Ein Segen nicht nur für die Armen der Stadt, sondern auch für manch verzweifelten Touristen.

Gegründet wurde die Barmherzige Bruderschaft 1244 in Florenz als weltweit erste Institution dieser Art. Die *fratelli* (Brüder) kümmerten sich ursprünglich um die Versorgung von bedürftigen Kranken und den Transport der Verstorbenen. Anonym, verhüllt in schwarze Kutten mit Kapuzen, aus denen nur die Augen rausschauten, konnten sie einem trotz ihrer guten Mission das Fürchten lehren. Erst

Zu den frühen Highlights gehören die Fresken im Baptisterium

2006 wurden die Kutten durch die fröhlich orangefarbenen Outfits ersetzt, in denen die *fratelli* heute neben modernen Ambulanzwagen an der Piazza del Duomo auf ihren Einsatz warten. Historisches Interesse? Im Innern wird in einem kleinen Museum die Geschichte der Misericordia lebendig dokumentiert.

KURSE FÜR JEDES INTERESSE

Ob Sprache, Malerei, Keramik oder Kochen: Das Kursangebot in Florenz ist extrem vielfältig. In der *Florence Academy of Art (Via Aretina 293 | florenceacademyofart.com)* dreht sich alles um Kunst: Vom Kopieren alter Meister über Porträtkurse bis hin zu Bildhauerei ist alles dabei. Verschiedene Grafiktechniken lernt man bei *Il Bisonte (Via San Niccolò 24r | ilbisonte.it)*. In der berühmten Schule *Palazzo Spinelli (Istituto per l'Arte e il Restauro | Via Maggio 13 | palazzospinelli.org)* könnt ihr Sommerkurse belegen und das Restaurierungshandwerk für verschiedene Materialien erlernen. *Le Arti Orafe (Via dei Serragli 104–124 | artiorafe.it)* gilt als beste Goldschmiedeschule weit und breit. Für Modefans interessant: die renommierte Schule *Polimoda (Villa Favard | Via del Curtatone 1 | polimoda.com)*. Bei *Cordon Bleu (Via Giusti 7 | cordonbleu-it.com)* gibt es Amateur- und Profi-Kochkurse. Gute Sprachkurse findet ihr bei *Italian Me (Via Tornabuoni 1 | italianme.it)* und im *Istituto Il David (Via Vecchietti 1 | david school.com)*, zur Einstimmung von zu Hause natürlich auch online.

SIGHT SEEING

Kunst, Kunst, Kunst – weltbekannte Museen, beeindruckende Kirchen, prunkvolle Paläste! Das ist Florenz. Und das Gute ist: All das kannst du zu Fuß erkunden, denn fast alle Sehenswürdigkeiten der faszinierenden „Cittá d'arte" liegen innerhalb der Quadratmeile des Zentrums

Die Museumslandschaft dieser Stadt ist unendlich: Ob die weltberühmten Uffizien, die Galleria dell'Accademia mit Michelangelos David, der Palazzo Pitti, das Museo Nazionale del Bargello oder viele, viele andere sehenswerte, über die Stadt verstreute Museen – hier

Alle Adressen in diesem Kapitel findest du auf der Faltkarte

Abendliche Illumination: Palazzo Vecchio und die Uffizien

ist für jeden Geschmack etwas dabei. Auf der neuen offiziellen Tourismuswebsite *feelflorence.it* bekommt ihr einen sehr guten Überblick über Museen, Kunst, Kultur und alles Mögliche, was gerade in der Stadt los ist – sogar auf Deutsch. Doch Florenz ist beliebt: Um lange Warteschlangen zu umgehen, besser die Eintrittskarten vorab online gegen einen Aufpreis von 1–4 Euro reservieren – mindestens fünf Tage vorher (!) online unter *webshop.b-ticket.com* oder *tickets florence.com*.

DIE STADTVIERTEL IM ÜBERBLICK

MARCO POLO HIGHLIGHTS

★ **DUOMO DI SANTA MARIA DEL FIORE & CAMPANILE**
Großartig das Innere des Doms, einmalig der Blick von Kuppel und Glockenturm ➤ S. 36

★ **GALLERIA DEGLI UFFIZI**
Über 39 Säle verteilt sich die weltberühmte Gemäldesammlung ➤ S. 33

★ **PALAZZO VECCHIO**
Eindrucksvolle Räume aus der Blütezeit der Stadt ➤ S. 31

★ **PONTE VECCHIO**
Am schönsten ist die berühmte Brücke bei abendlicher Illumination ➤ S. 28

★ **GALLERIA DELL'ACCADEMIA**
Michelangelos David und grandiose spätgotische Malerei ➤ S. 44

★ **SAN LORENZO**
Ihre Grabkapellen ließen sich die Medici von berühmten Künstlern gestalten ➤ S. 47

★ **MUSEO NAZIONALE DEL BARGELLO**
Skulpturenmuseum in einem früheren Gefängnis ➤ S. 54

★ **SANTA CROCE**
Das Pantheon von Florenz ➤ S. 53

★ **GIARDINO DI BOBOLI**
Eine grüne Oase hinter dem Palazzo Pitti ➤ S. 58

★ **SAN MINIATO AL MONTE**
Ein Heiliger über der Stadt ➤ S. 61

★ **FIESOLE**
Geschichtsträchtiges Städtchen mit Panoramablick über Florenz ➤ S. 64

Fiesole
NÖRDLICHES SAN GIOVANNI S. 43
Über den Markt zur Galleria dell' Accademia
SÜDLICHES SAN GIOVANNI S. 28
Das Herz von Florenz
SANTA CROCE S. 52
Franziskanerkirche, Shopping und internationale Restaurants
OLTRARNO S. 56
unsthandwerkerviertel und Ausgehgegend – ein Hauch des „alten Florenz"
SAN GIOVANNI
SANTA CROCE
Galleria dell'Accademia
San Lorenzo
Duomo di Santa Maria del Fiore & Campanile
Museo Nazionale del Bargello
Palazzo Vecchio
Santa Croce
Galleria degli Uffizi
Ponte Vecchio
Giardino di Boboli
San Miniato al Monte
Fortezza da Basso
Giardino dei Semplici
Giardino Della Gherardesca
Piazza della Repubblica
Forte di Belvedere
Giardino Bardini
Piazzale Michelangiolo
Viale Giovanni Milton
Viale Don Giovanni Minzoni
Viale Spartaco Lavagnini
Viale Giacomo Matteotti
Via Santa Reparata
Via Venezia
Via della Fortezza
Via Ventisette Aprile
Via Camillo Cavour
Via Guelfa
Via Nazionale
Via dei Servi
Via della Colonna
Via degli Alfani
Viale Antonio Gramsci
Via dei Banchi
Via del Proconsolo
Via dell'Oriuolo
Via della Spada
Via dei Pepi
Via Ghibellina
Viale della Giovine Italia
Via dei Malcontenti
Lungarno delle Grazie
Lungarno Torrigiani
Lungarno Serristori
Costa San Giorgio
Via di Belvedere
Via dell'Erta Canina
Viale Michelangiolo
Viale Galileo
Arno
400 m
437 yd

Eine schmale Uferzone des Arno lädt mit Blick auf den Ponte Vecchio zum Chillen ein

SÜDLICHES SAN GIOVANNI

Hier pulsiert das Herz von Florenz: zwischen Dom und Palazzo Vecchio, dem Regierungspalast. Mode- und Schuhgeschäfte, Eisdielen, Pizzaläden: Die Via dei Calzaiouoli hat schon immer das geistliche mit dem weltlichen Zentrum verbunden.

Genau an dieser Stelle haben die Römer 59 v. Chr. die Kolonie Florentia gegründet. Trotz Menschenmassen ist die Straße nicht nur bei Touristen beliebt, auch die Florentiner flanieren hier gern am Wochenende.

1 PONTE VECCHIO ★

Meist führt schon der erste Spaziergang durch die Stadt hierher: Die „Alte Brücke" ist eines der Wahrzeichen von Florenz und hat eine lange Geschichte: Schon zu Zeiten der Etrusker bestand ein Flussübergang, in römischer Zeit verlief hier die Via Cassia, einer der wichtigsten Handelswege Roms gen Norden.

Die jetzige Brücke, die den Fluss an seiner schmalsten Stelle überquert, wurde 1345 von Neri di Fioravanti oder Taddeo Gaddi errichtet. Was die Brücke so besonders und malerisch macht, sind ihre überhängenden Brückenläden. Heute tummeln sich hier Touristen, um sich an den Fensterläden der Schmuckgeschäfte die Nasen platt zu drücken.

Doch so elegant ging es hier nicht immer zu. Von 1422 bis 1593 betrieben hauptsächlich Schlachter auf der Brücke ihr Geschäft. Als die großherzogliche Familie in den Palazzo Pitti gezogen war, störte sie der Geruch, und Ferdinand I. verfügte, dass fortan nur noch Gold- und Silberschmiede auf der Brücke ihr Handwerk ausüben durften.

Damit er trockenen Fußes vom Palazzo Vecchio zum Palazzo Pitti gelangen konnte, beauftragte 1565 Cosimo I. den Bau des *Corridoio Vasariano*. Der Ponte Vecchio blieb als einzige Brücke von der Sprengung durch die Deutschen 1944 verschont; um dies zu ermöglichen, wurden jedoch auf beiden Seiten der Brücke große Teile der alten Wohnquartiere zerstört. Heute ist die Brücke einer der großen touristischen Anziehungspunkte der Stadt. *b4*

2 CORRIDOIO VASARIANO

Vom Palazzo Vecchio entlang der Uffizien über den Ponte Vecchio durch das Innere der Kirche Santa Felicita zum Palazzo Pitti, ohne gesehen zu werden? Das wollten schon die Medici. Um sicher und schnell von den Regierungsgebäuden zu ihrem Familienpalast zu kommen, beauftragte Cosimo I. de' Medici 1565 Giorgio Vasari mit dem Bau dieses, nach seinem Architekten benannten Korridors – errichtet in nur fünf Monaten. Der schmale Gang verläuft fast 1 km durch die Innenstadt. *Derzeit wegen Restaurierung geschl. | Piazzale degli Uffizi 6 | uffizi.it, ticketsflorence.com | b4*

3 PIAZZA DELLA SIGNORIA

Das politische Herz der Stadt, einer der beeindruckendsten, vielleicht der

WOHIN ZUERST?

Ponte Vecchio *(b4):* Stellt euch auf die berühmte Arnobrücke und verschafft euch erst mal einen Überblick: Etwas stadtauswärts liegen der mächtige Palazzo Pitti und die Boboli-Gärten. Auf der anderen Flussseite liegen die Uffizien. Dahinter folgen die Piazza della Signoria mit dem Palazzo Vecchio, dem Wahrzeichen der Stadt, und etwas weiter nordöstlich die Piazza della Repubblica und der Dom. Elektrobus C3 und D, Parkmöglichkeit Stazione Santa Maria Novella.

beeindruckendste Platz von Florenz! Auf der einen Seite der wehrhafte *Palazzo Vecchio,* daneben die statuengeschmückte *Loggia dei Lanzi* und die *Galleria degli Uffizi*. An der Nordseite befindet sich der *Palazzo Uguccioni* (1559) und an der östlichen Ausbuchtung des Platzes der *Palast des Handelsgerichts* (1359), an dessen Fassade die Wappen der 21 Zünfte angebracht sind. Die der Palastfront gegenüberliegenden Gebäude mit Cafés und Geschäften wurden Ende des 19. Jhs. dem historischen Stil angepasst.

Durch die vielen Skulpturen und Denkmäler erhält der große Platz eine aufgelockerte Atmosphäre. So stehen vor dem Palazzo Vecchio der überlebensgroße *David* aus Marmor von Michelangelo. Auch wenn alle ihn bestaunen – dies ist nur eine Kopie, das Original von 1504 steht in der Galleria dell'Accademia. Daneben: die Doppelplastik *Herkules und Cacus* von Baccio Bandinelli (1533) und Donatellos um 1460 geschaffene Bronzegruppe *Judith und Holofernes* (ebenfalls eine Kopie, Original im Palazzo Vecchio).

Zwischen dem kolossalen *Neptunbrunnen* von Bartolomeo Ammanati (1565) und dem *Reiterstandbild Cosimos I. de' Medici* von Giambologna (1594) ist eine Granitplatte mit der Jahreszahl 1498 in den Boden eingelassen. Hier kamen der Dominikanermönch Girolamo Savonarola und zwei seiner Anhänger auf Verlangen von Papst Alexander VI. auf dem Scheiterhaufen ums Leben. Alljährlich am 23. Mai, dem Todestag, legen Kirche

Zentraler geht's nicht: Die Piazza della Signoria findet man eigentlich auch ohne Stadtplan

und Stadt hier Blumen nieder. Wenn du diesen Platz eimal in Ruhe richtig genießen willst, dann setz dich am besten auf die Terrasse des *Café Rivoire* (s. S. 70 – Achtung: nicht ganz billig!) 1872 gründete es der Turiner Enrico Rivoire und brachte so ein neues Getränk nach Florenz: die heiße Schokolade! *b3*

4 PALAZZO VECCHIO ★

Steht man auf der Piazza della Signoria, legt den Kopf in den Nacken und betrachtet ihn von unten, fühlt man sich ins Mittelalter zurückversetzt: Der Palazzo Vecchio ist einfach imposant, majestätisch und prägt mit seinem markanten 94 m hohen Turm entscheidend das Stadtbild von Florenz.

Repräsentativ sollte er auch sein, da der 1299–1314 von Arnolfo di Cambio errichtete Palast Amtssitz und Wohnung der höchsten Beamten der Republik war.

1540 machte Cosimo I. den mittelalterlichen Palast zur herzoglichen Residenz und verhalf ihm durch prunkvolle Um- und Ausbauten zu neuem Glanz; das mittelalterliche Äußere blieb weitgehend unangetastet. Verantwortlich für alle Baumaßnahmen in dieser Zeit war Giorgio Vasari, der im Eifer jedoch auch unwiederbringliche Kunstwerke wie Leonardo da Vincis *Schlacht von Anghiari* im Salone dei Cinquecento zum Ruhm der Medici übermalte. Seinen heutigen Namen, *Palazzo Vecchio* (Alter Palast), bekam der Bau, als der Hofstaat in den „neuen", den Palazzo Pitti, zog.

Innen ist der Palast mindestens so prachtvoll wie außen. Entschließt ihr euch, den Palazzo Vecchio zu besuchen, gelangt ihr zunächst in den unglaublich schönen, durch Michelozzo 1470 umgestalteten *Innenhof,* der 1565 anlässlich der Hochzeit Ferdinands I. mit Johanna von Österreich mit österreichischen Stadtansichten ausgemalt wurde. Die *Quartieri Monumentali*, die Prunkräume, liegen im ersten Obergeschoss.

Einer der berühmtesten Säle ist der *Salone dei Cinquecento*, der Saal der Fünfhundert. Er ist genau 53,7 m lang, 22,4 m breit und 17,8 m hoch und damit der größte Saal der Stadt. Hier versammelte sich einst der städtische Rat, später ließ ihn Cosimo I. zur Audienzhalle umgestalten. Er ist mit einer prachtvollen Holzdecke von Benedetto und Giuliano da Maiano versehen und wird heute noch bei besonderen Festlichkeiten genutzt. Vor den monumentalen *Schlachtenbildern* von Vasari sind Marmorstatuen aufgestellt, unter ihnen der *Genius des Sieges* von Michelangelo und *Florenz besiegt Pisa* von Giambologna.

Im zweiten Geschoss liegen die *Quartieri degli Elementi* und die Räume der Eleonora di Toledo. Die anschließende *Cappella della Signoria* malte 1514 Ghirlandaio mit Fresken aus. Besonders prächtig sind die *Sala dell'Udienza* mit ihrer reich geschnitzten Decke und dem Marmorportal von Benedetto da Maiano sowie die *Sala dei Gigli*, der ganz mit der Wappenlilie Frankreichs ausgemalte Liliensaal. Hier steht Donatellos Bronzegruppe *Judith und Holofernes.* In der *Segreteria* arbeitete Machiavelli als Sekretär der Republik.

Im Palazzo Vecchio befinden sich sogar Geheimgänge. Sie wurden von den Medici erbaut, um fliehen oder wertvolle Objekte verstecken zu können. Solch ein Geheimgang befindet sich z. B. hinter der Landkarte von Armenien in der *Sala delle Carte Geografiche,* die mit 53 Landkarten aus den Jahren 1563–75 bemalt ist.

An zwölf Multimediastationen erhält man Einblicke in Geschichte, Kunst und Architektur des Palazzo. Neu eingerichtet wurden im zweiten Innenhof, dem *Cortile della Dogana*, ein Bookshop und das Ticketoffice. *Palast/Museum/Quartieri Monumentali: Fr-Mi 9–19, Do 9–14; Turm: April–Sept. Fr–Mi 9–21, Do 9–14, Okt.–März Fr–Mi 10–17, Do 9–14 Uhr, bei Regen geschl.;*

Den Innenhof des Palazzo Vecchio zieren zarte Renaissance-Grotesken und Stadtansichten

Kinder unter 6 Jahren nicht erlaubt | Eintritt 12,50 Euro; *Führungen mit geschichtlichen Hintergrundinfos und Führungen durch die Geheimgänge veranstaltet die Associazione MUS.E (Ticket zusätzlich 5 Euro | Übersicht der Aktivitäten unter musefirenze.it | info@muse.comune.fi.it). Piazza della Signoria | Eingang Via dei Gondi | imuseidifirenze.it | 1,5 Std. | b-c3*

INSIDER-TIPP
Ungesehen durch den Palast

5 GALLERIA DEGLI UFFIZI ★

Sie beherbergen eine der reichhaltigsten und berühmtesten Gemäldesammlungen der Welt und sind eine der Hauptattraktionen der Stadt: Das Wort „Uffizien" (auf Italienisch *uffici*) bedeutet „Büros", und die Bezeichnung kommt daher, dass das Gebäude, das im Auftrag Cosimo I. de' Medici 1559–81 nach Plänen Giorgio Vasaris erbaut wurde, dazu diente, die Ministerien und Ämter von Florenz aufzunehmen. Die Uffizien wurden jedoch nie als Büros genutzt, weil schon der Sohn Cosimos I., Francesco de' Medici, begann, seine Kunstsammlung dort unterzubringen. Er ließ von Bernardo Buontalenti dafür extra die *Tribuna* errichten. Dieser achteckige Raum war im Prinzip schon Jahre vor der offiziellen Umwandlung der Uffizien ein Museum, und so kann man die Uffizien zu den ältesten Museen der Welt zählen. Seit 2013 darf man auch die sogenannten *Nuovi Uffizi* im ersten Stock besichtigen, und jüngst wurden weitere 14 Säle auf 1100 m² neuer Ausstellungsfläche eröffnet.

Die Besichtigung beginnt in der zweiten Etage. Hier sind die Werke in chro-

Die schönste Outdoor-Galerie der Stadt: die Loggia dei Lanzi an der Piazza della Signoria

nologischer Reihenfolge vom 13. bis zum 15. Jh. und nach Schulen geordnet ausgestellt. Schwerpunkt bildet die italienische Renaissance. Auf den breiten Korridoren sind griechische und römische Statuen sowie flämische Gobelins zu sehen. Die kostbarsten Statuen stehen auf eigens für sie angefertigten Sockeln in der Tribuna.

Wenn man dem Wegweiser folgt, kommt man zuerst zu den großen gotischen Altartafeln von Cimabue und Giotto, dann zu Werken der Sieneser Schule des 14. Jhs. und den großen Malern der Frührenaissance: Masaccio, Piero della Francesca und natürlich auch Sandro Botticelli. Der *Botticelli-Saal* ist sicherlich bei Touristen der bekannteste. Manch einer mag denken, dass er die berühmten Gemälde wie „Die Geburt der Venus" und „Der Frühling" schon nicht mehr sehen kann, da sie in Form von Souvenirartikeln in der ganzen Stadt erworben werden können, aber spätestens wenn man den Saal betritt und die echten Werke bewundern kann, wird man ihre Faszination verstehen. Es folgen Werke von Leonardo da Vinci wie „Die Anbetung der Könige".

Auf der *Westseite* des Gebäudes hängen Gemälde von Tizian („Venus von Urbino"), von den aus Venedig stammenden Künstlern Veronese, Tintoretto und Caravaggio. Im Saal 35, der *Sala Rossa,* befindet sich ein weiteres der vielen Highlights der Uffizien: das „Tondo Doni", eines der bekanntesten Gemälde Michelangelos. Nicht verpassen: eine Kaffeepause auf der Dachterrasse inklusive bester Aussicht über die Piazza della Signoria!

INSIDER-TIPP
Koffeinboost fürs Sightseeing

Schließlich gelangt man im *ersten Stockwerk* zum neuen Teil der Uffizien. Die *Sale Blu,* die blauen Säle, sind spanischen, französischen, flämischen und niederländischen Künstlern aus dem 16. und 17. Jh. gewidmet (Rubens, Rembrandt und van Dyck). Die anschließenden *Sale Rosse* beherbergen größtenteils Werke des Florentiner Manierismus, in denen besonders Schöpfungen von Andrea del Sarto und Raphael herausragen. Besonders hervorzuheben sind weiterhin Werke von Rosso Fiorentino und Pontormo sowie die famosen Medici-Porträts von Bronzino. Der Rundgang führt weiter vorbei an Gemälden von Correggio und Parmigianino bis zur venezianischen Malerei und endet in den *Sale Gialle,* den gelben Sälen, die Werke aus dem 17. Jh. präsentieren.

Um die oft sehr lange Warteschlange (bis zu vier Stunden!) zu vermeiden, sollte man die Tickets unbedingt im Internet im Voraus reservieren *(4 Euro Zuschlag | b-ticket.com).* Es werden auch Führungen angeboten. *Tgl. 8.15–18.50 Uhr | Eintritt März–Okt. 20 Euro, Sammelticket mit Museen des Palazzo Pitti und Giradino di Boboli 38 Euro, Nov.–Feb. 18 Euro (5 Tage gültig mit Priority-Einlass) | Piazzale degli Uffizi 6 | uffizi.it | ⏱ 3–4 Std. | 🗺 b4*

6 LOGGIA DEI LANZI

Mit ihren drei herrlichen Rundbögen ist sie ein herausragendes Beispiel der Florentiner Gotik. Zwei Skulpturengruppen ließ Cosimo I. in der Loggia aufstellen: zum einen das bronzene Meisterwerk des *Perseus* (1545–54) von Benvenuto Cellini, das in neuem Glanz am alten Platz steht. Der Marmorsockel ist eine Kopie, das Original befindet sich im *Museo Nazionale del Bargello* (s. S. 54). Zum anderen die manieristisch gedrehten Figuren des *Raubs der Sabinerinnen* rechts davon, die von Giambologna (1583) stammen. Weitere Skulpturen, darunter sechs römische Frauenstatuen an der Rückwand, vervollständigen die Freiluftgalerie. Errichtet wurde die Loggia schon 1376–82 für zeremonielle Anlässe der Stadtverwaltung, vermutlich von Orcagna.

Der Name *Loggia dei Lanzi* bürgerte sich ein, als Cosimo I. hier seine Söldnertruppe, die *lanzichenecchi* (Landsknechte), unterbrachte. Auf dem Dach der Loggia wurde 1583 ein damals berühmter hängender Garten angelegt; heute befindet sich dort ein von den Uffizien zugängliches Café mit bester Aussicht über den Platz. *Piazza della Signoria | 🗺 b3*

7 GUCCI GARDEN

Gucci: Der Name spricht für sich! Heute ist es eins der berühmtesten und beliebtesten Modelabels weltweit! Aber wusstet ihr, dass alles in Florenz mit einer kleinen Werkstatt für Lederwaren und Gepäck begann? Guccio Gucci gründete 1921 hier dieses Geschäft, das inzwischen für Stil, Lifestyle und Qualität steht. Gucci Garden ist Shop, Museum und Restaurant in einem. Hier kann man auf drei Stockwerken die Geschichte der Marke verfolgen und auch – wenn der Geldbeutel es erlaubt – einige echt schicke Outfits erwerben. Massimo

Bottura, einer der kreativsten Köche weltweit, eröffnete hier 2018 seine *Osteria (€€€)*: Erstklassiger geht's nicht. *Boutique und Museum Di–So 10–22, Mo 10–19 Uhr, Restaurant tgl. 12.30–15, 19–22 Uhr | Eintritt 8 Euro | Piazza della Signoria 9–10 | guccimuseo.com | 45 Min. | c3*

8 CASA DI DANTE

Wer weiß, ob sich Dante zwischen den verfeindeten Gruppen in Florenz überhaupt so lange aufgehalten hätte, hätte er nicht seine Beatrice gefunden? Alles, was wir über den größten italienischen Dichter (1265–1321) wissen, wird hier in einem kleinen Museum dokumentiert. Es wurde in seinem angeblichen Geburtshaus eingerichtet. *Nov.–März Di–Fr 10–17, Sa/So 10–18; April–Okt. tgl. 10–18 Uhr | Eintritt 8 Euro | Via Santa Margherita 1 | museocasadidante.it | 30 Min. | c3*

9 DUOMO DI SANTA MARIA DEL FIORE & CAMPANILE ★

Weißer Marmor aus Carrara, grüner Marmor aus Prato: Schon von Weitem imponiert der mächtige Dom von Florenz. Er ist nicht nur das Wahrzeichen und der Mittelpunkt der Stadt, er ist auch die viertgrößte Kirche der Christenheit. Seine Grundfläche beträgt gigantische 8300 m², seine Länge 160 m. Der Bau war gewissermaßen ein später Triumph, denn Pisa, Lucca, Pistoia, Prato und Siena hatten alle schon ihre prunkvollen Kathedralen, als sich die Stadtregierung 1296 endlich zum Bau einer neuen Kathedrale für Florenz durchrang und Arnolfo di Cambio mit ihrer Errichtung beauftragte. 1368 war das Werk vollendet – allerdings klaffte im Dach des Doms immer noch ein riesiges Loch: Die *Kuppel* fehlte, denn ein Kuppeldurchmesser von 45 m stellte die Architekten vor ein wahres Problem, das nur von einem echten Genie gelöst werden konnte. Und dieses Genie war Filippo Brunelleschi, der von 1420–34 die Kuppel baute, indem er sich einander zugeneigte Körper gegenseitig stützen ließ und so einen geschlossenen Kuppelring auf den anderen setzte.

Wenn ihr euch zutraut, die bei ihrer Erbauung größte Kuppel der Welt mit ihren 463 Stufen bis zur Laterne zu besteigen (Achtung: Einbahnstraße – umkehren nicht möglich. Man sollte schwindelfrei sein!), nehmt ihr denselben Weg, den einst die Bauarbeiter zurücklegten. Dabei kommt ihr

den grandiosen *Fresken* des Weltgerichts ganz nah, mit denen Giorgio Vasari und Federico Zuccari die Kuppel 1572–79 ausmalten, ihr entdeckt eine neue Perspektive auf das Kirchenschiff, und am Ende erwartet euch ein toller Blick auf die Stadt!

Auch das *Kirchenschiff*, das eines der längsten weltweit ist, beeindruckt mit seiner Mächtigkeit schon, wenn man reinkommt. Viele namhafte Florentiner Künstler haben zu dessen Ausschmückung beigetragen. So z. B. Paolo Uccello, der 1436 den Söldnerführer John Hawkwood, der für Florenz einst eine Schlacht gewann, auf einem großen *Reiterbild* darstellte (das zweite auf der linken Seite). Dieses Bild ist besonders, weil es als Vorbild für alle späteren Reiterstandbilder diente.

Das *Reiterbild des Niccolò da Tolentino* daneben stammt von Andrea del Castagno (1456). Sehr schön sind auch die bunten *Rundfenster* an der Basis der Kuppel, die einige der berühmtesten Künstler des 14. Jhs. entworfen haben. Die bunt glasierten Terrakottareliefs über den Eingängen der beiden *Sakristeien* stammen, wie auch die Bronzetür zur Neuen Sakristei links des Hauptaltars, von Luca della Robbia (1444–69). Die berühmten *Sängerkanzeln* von Donatello und Luca della Robbia sowie die *Pietà* von Michelangelo stehen heute im benachbarten *Museo dell' Opera del Duomo* (s. S. 39).

Wenn ihr die Treppe rechts vom Haupteingang hinabsteigt, gelangt ihr zu der frühchristlichen Vorgängerkirche *Santa Reparata,* deren Reste 1966 freigelegt wurden. Hier befindet sich u. a. das Grab von Brunelleschi. 2000 wurde ein dort aufgefundenes Skelett eindeutig als das von Giotto (1267–1337)

Weit überragen die Domkuppel und Giottos Campanile die Dächer von Florenz

identifiziert, den man daraufhin neben Brunelleschi beisetzte.
Giotto entwarf den neben dem Dom stehenden *Campanile* (Glockenturm), der 1334–59 errichtet wurde. In seinen harmonischen Proportionen und seiner Farbigkeit ist er sicherlich einer der schönsten Italiens. Auch er ist im Inkrustationsstil mit weißem, rotem und grünem Marmor verkleidet. Den unteren Teil schmücken 54 *Flachreliefs* aus der Schule Andrea Pisanos, in den Nischen darüber stehen Heiligen-, Propheten- und Sibyllenstatuen u. a. von Donatello (Originale ebenfalls im Dommuseum).
Etwas bequemer als beim Kuppelaufstieg geht es die 414 Stufen des Glockenturms hinauf. Auch von hier habt ihr einen faszinierenden Ausblick auf die Stadt. *Dom und Krypta Santa Reparata Mo–Sa 10.15–16.45, Santa Reparata auch So 13.30–16.30 Uhr | 20 Min.; Kuppel Mo–Fr 8.15–19.30, Sa 8.15–17.15, So 12.45–17.15 Uhr | 30 Min. | Online-Vorbestellung für die Kuppelbesichtigung erforderlich, in der Hochsaison sogar bis zu zwei Monate im Voraus; Campanile tgl. 8.15–19.45 Uhr | 30 Min. | der Eintritt zum Dom ist gratis, für alle anderen Sehenswürdigkeiten um die Piazza Duomo gibt es verschiedene Drei-Tages-Tickets: Brunelleschi-Pass (Kuppel, Campanile, Battistero, Museum und Santa Reparata) 30 Euro, Giotto-Pass (Campanile, Battistero, Museum und Santa Reparata) 20 Euro, Ghiberti-Pass (Battistero, Museum und Santa Reparata) 15 Euro | duomo.firenze.it | b–c2*

INSIDER-TIPP
Dem Himmel etwas näher

Die Paradiestür des Baptisteriums: vor Ort eine Kopie, die Originale im Museum

10 BATTISTERO DI SAN GIOVANNI

„Marmor und Gold! „Das ist die Tür zum Paradies," soll Michelangelo gerufen haben, als er die vergoldete Eingangspforte des Baptisteriums sah. Lorenzo Ghiberti fertigte die dem Dom zugewandte Doppeltür, die sogenannte *Paradiestür*, zwischen 1426 und 1452 an, nachdem er bereits zuvor die nördliche geschaffen hatte. Er hat sich selbst als Glatzkopf auf der rechten Umrahmung des linken Türflügels dargestellt. Die *Südtür* mit der Geschichte Johannes des Täufers war schon 1336 von Andrea Pisano angefertigt worden.

Neben dem Dom wirkt das achteckige Baptisterium mit seiner eleganten Verkleidung aus weiß-grünem Marmor fast winzig: Sein Durchmesser von nur 25,6 m ist circa halb so groß wie der der ganzen Domkuppel. Zum ersten Mal wird der Bau 897 in Dokumenten als „Kirche" erwähnt, sein Ursprung als Kultstätte liegt aber vermutlich in grauer Vorzeit.

Auch das Innere ist „paradiesisch". In Goldtönen glitzert die von Mosaiken ausgekleidete Kuppel, gekrönt von einer gigantischen Christusfigur (um 1270) über der Apsis. Zahlreiche Kunstwerke zieren die Wände. *Tgl. 9–19.45 Uhr | Eintritt mit Brunelleschi-, Giotto- oder Ghiberti-Pass siehe Eintritt Duomo | Piazza di San Giovanni | duomo.firenze.it | ⏲ 30 Min. | b2*

11 MUSEO DELL'OPERA DEL DUOMO

Kaum jemand überlegt, wenn er voll Bewunderung Brunelleschis Domkuppel betrachtet, wie wohl die Abertausenden Dachziegel da hochgekommen sein mögen. Jahrhunderte hat es gebraucht, bis aus der alten Dombauhütte das jetzige Museo del Duomo wurde. An derselben Stelle, an der im 16. Jh. alles zum Bau des Doms Benötigte lagerte, steht heute das modernste und bestkonzipierte Museum von Florenz. Licht ist ein Hauptfaktor, Raum der andere. Ein ganzer Saal der 6000 m² großen Ausstellungsfläche ist Brunelleschis Kuppel gewidmet. Nach einem Besuch dort nimmt die Kuppel noch ganz andere Dimensionen an. Jedes auch noch so kleine Detail, das zu ihrer Errichtung beitrug, wird gezeigt oder erklärt. Dasselbe gilt für den Dom selbst. In einem 20 m hohen Ausstellungsraum steht man sprachlos vor der aus blütenweißem Marmor nachgebildeten Fassade des Doms, wie sie damals Arnolfo di Cambio, der Erbauer des Campanile, konzipiert hatte (der Dom erhielt erst Ende des 19. Jhs. eine Fassade im neugotischen Stil). Über 700 der ursprünglich am Glockenturm oder am und im Dom angebrachten Statuen und andere Kunstwerke, die aus Witterungs- oder Sicherheitsgründen von ihrem Originalort entfernt werden mussten, sind jetzt hier zu sehen.

Es sind Werke von Michelangelo, Donatello, Ghiberti und anderen. An keiner anderen Stelle kann man sie so aus der Nähe und so gut ausgeleuchtet betrachten. Das gilt genauso für die Sängerkanzel von Luca della Robbia wie für die vergoldete Paradiestür des Baptisteriums. *Tgl. 9–19.45 Uhr (jeden 1. Di des Monats geschl.) | Eintritt mit Brunelleschi-, Giotto- oder Ghi-*

berti-Pass siehe Eintritt Duomo| Piazza del Duomo 9 | duomo.firenze.it | 1 Std. | *c2*

12 MUSEO DEL BIGALLO

Wer die älteste Ansicht der Stadt bestaunen möchte, muss hier rein. Das Museo del Bigallo ist klein, aber historisch bedeutend für seine karitativen Institutionen. Laienbrüder ließen hier ausgesetzte Kinder in ihrer Loggia spielen, um Pflegeeltern für sie zu finden. Die Bruderschaft der Misericordia hatte den spätgotischen Bau 1352 in Auftrag gegeben; 1425 vereinigte sie sich mit der Bruderschaft Santa Maria del Bigallo, deren Namen die Loggia trägt. Eine weitere Aufgabe war die Behandlung der Kranken. In dem Museum befindet sich für die Tätigkeit des Ordens aufschlussreiche Kunstsammlung. *Vorübergehend geschl. | Piazza San Giovanni 1 | 30 Min. | b2*

13 ORSANMICHELE

Man kann sie wegen der vielen Geschäfte und Menschen übersehen, wenn man über die Hauptshoppingstraße von Florenz, die Via dei Calzaiuoli, geht, aber an dieser Kirche solltet ihr auf keinen Fall vorbeilaufen. In vielerlei Hinsicht ist dieses Gotteshaus besonders: Es gleicht eher einem mittelalterlichen Palast, denn 1336 wurde durch die Zünfte zunächst eine offene Pfeilerhalle errichtet. Diese Halle wurde sowohl als Andachtsraum als auch als Markthalle genutzt. Die darüber liegenden Stockwerke dienten als Getreidespeicher. Etwa Mitte des 14. Jhs. schloss man die Arkaden im Erdgeschoss mit Drillingsfenstern, und um das 1347 von Bernardo Daddi gemalte Bildnis der Gnadenmadonna errichtete Andrea Orcagna ein wunderschönes gotisches Tabernakel.

Der Markt wurde 1361 aus dem Erdgeschoss ausgelagert, die beiden oberen Stockwerke bis weit ins 16. Jh. als Getreidelager genutzt. Scharten in den Nordpfeilern lassen noch erkennen, wo in Notzeiten das Getreide herabgelassen wurde – man verteilte es kostenlos an Bedürftige, um die Stadt vor Aufständen zu bewahren.

Die Kirche ist auch von außen bewundernswert: In den 14 Außennischen stehen Statuen der Schutzheiligen der Zünfte von bedeutenden Renaissancekünstlern. Oberhalb der Statuen befinden sich die Wappen der Zünfte. Heute handelt es sich bei den Statuen nur noch um Kopien. Die Originale sind im 1. und 2. Stock im *Museo di Orsanmichele* ausgestellt, dem ehemaligen Getreidespeicher. *Kirche Di–So 10–17, Museum Di, Sa 10.30–18 Uhr | Eintritt 4 Euro | Via dell'Arte della Lana | b3*

14 LOGGIA DEL MERCATO NUOVO

Gold- und Silberwaren, Strohwaren und Körbe: Das waren die Dinge, die ursprünglich hier verkauft wurden. Heute ist es ein guter Ort, wenn ihr ein Mitbringsel, z. B. Tücher, Lederwaren oder T-Shirts, kaufen wollt. Im 16. Jh. wurde die Loggia del Mercato Nuovo (Neuer Markt) gebaut. Von den Florentinern wird der Markt jedoch meist verniedlicht *Mercato del Porcellino*

Zeitsprung: Wie wohnte die Oberschicht vor gut 500 Jahren? Der Palazzo Davanzati zeigt's!

(*porcellino* bedeutet Ferkel) genannt. Das kommt daher, dass sich auf der Südseite ein Wildschwein aus Bronze von Pietro Tacca befindet. Bei dem Schwein handelt es sich zwar eher um einen großen Eber als um ein kleines Ferkelchen, aber für Touristen, wenn sie daran glauben, hat das Bronzeschwein dennoch seine Wichtigkeit. Denn wer seine Rückkehr nach Florenz sichern will, muss die Schnauze des Ebers streicheln!

Will man die Architektur der Loggia ungestört und ohne Touristenmassen betrachten, sollte man am besten ganz früh am Morgen oder spät am Abend vorbeikommen. Dann sind die Stände abgebaut und versperren nicht die Sicht. *Via Porta Rossa/Via Por Santa Maria* | *b3*

15 PALAZZO DAVANZATI

In der Zeit zurückreisen? Erleben, wie es in einem Florentiner Haus zwischen Mittelalter und Renaissance ausgesehen hat? Dann ist der komplett mit Möbeln, Gemälden und Gegenständen eingerichtete Palazzo Davanzati genau das Richtige. Nach aufwendiger Restaurierung erstrahlen erneut die herrschaftlichen Wandmalereien im *Papageiensalon* sowie im Herren- und Damengemach. Der zweite und dritte Stock, wo Schlafgemächer und Küche zu finden sind, können nur mit Voranmeldung *(Tel. 05 50 64 94 60)* besichtigt werden. *Tgl. 8.15–13.50 Uhr, 2. und 4. So sowie 1., 3. und 5. Mo im Monat geschl.* | *Eintritt 6 Euro* | *Via Porta Rossa 13* | *1 Std.* | *b3*

Wimmelbild der Renaissance: Ghirlandaios Anbetung der Hirten in Santa Trìnita

16 PALAZZO STROZZI

Renaissance trifft auf Moderne! Gerade der Palazzo Strozzi, der Florentiner Renaissancepalast schlechthin, beherbergt nun u. a. temporäre zeitgenössische Kunstausstellungen von Ai Weiwei über Bill Viola, Marina Abramović u. v. m. Wenn ihr also nach einigen Tagen Renaissance mal etwas Moderneres zu sehen bekommen wollt, dann schaut, was im Palazzo Strozzi und in der Strozzina gerade geboten wird. In jedem Fall solltet ihr einen Blick in den arkadengeschmückten Innenhof werfen. *Fr–Mi 10–20, Do bis 23 Uhr | Eintritt 16 Euro oder flexibles Ticket 20 Euro | Piazza Strozzi | palazzostrozzi.org | 1,5 Std. | b3*

17 SANTA TRÌNITA

Die Kirche, deren Ursprung auf das 11. Jh. zurückgeht, birgt neben vielen anderen Kunstschätzen zwei Hauptwerke von Domenico Ghirlandaio: die Fresken der *Cappella Sassetti* aus dem Leben des hl. Franziskus und die *Anbetung der Hirten* von 1485. *Tgl. 7–12 und 16–19 Uhr | Piazza Santa Trìnita | a3*

18 PONTE SANTA TRÌNITA

Florenz im Abendrot? Mit herrlichem Blick flussaufwärts auf den Ponte Vecchio? Dann müsst ihr zum Ponte Santa Trìnita gehen!

Mehrere Male wurde die Brücke von den Fluten des Arno niedergerissen und schließlich 1944 von der sich zurückziehenden deutschen Wehrmacht zerstört. Als man an ihren Wiederaufbau ging, fischte man die Reste aus dem Fluss und öffnete noch einmal die Steinbrüche im Boboli-Garten, aus denen ursprünglich das Baumaterial für die Brücke stammte, um die fehlenden Teile zu ergänzen. *a3*

19 SANTISSIMI APOSTOLI

Diese schöne, kleine Apostelkirche – eine der ältesten der Stadt (11. Jh.) – liegt etwas abseits der üblichen Touristenpfade. Laut Fassadentafel ist sie eine Stiftung Karls des Großen, was sich aber als Legende herausstellte. Die dunkelgrünen Marmorsäulen des Innenraums stammen teils aus nahe gelegenen römischen Thermen. Der bemalte Dachstuhl (14. Jh.) ist der am besten erhaltene in der Stadt. *Di–So 9.30–12 und 16–19 Uhr | Piazza del Limbo 1 | b3*

NÖRDLICHES SAN GIOVANNI

Bunter Markt, Multikulti und Studenten! Im nördlichen San Giovanni findet man alles. In der Nähe der Basilika San Lorenzo gruppieren sich die Stände des Mercato San Lorenzo. In der gleichnamigen Markthalle findet man viele leckere Spezialitäten.

Obwohl die Hauptattraktionen der Stadt in San Giovanni geballt sind, hat man in den Gassen nördlich vom Dom nicht das Gefühl, ausschließlich von Touristen umringt zu sein. Auch wenn das Universitätsviertel, das früher zwischen Domplatz, San Marco und Santissima Annunziata lag, inzwischen nach Novoli verlegt wurde und nur die Kunststudenten der berühmten Accademia di Belle Arti unter den Arkaden der belebten Piazza San Marco übrig geblieben sind.

20 MUSEO DI SAN MARCO

Ein Kloster mit Fresken in leuchtenden Farben. 1435 bekamen die Dominikanerbrüder aus Fiesole von Cosimo I. de' Medici ein Kloster in der Stadt, und Ordensbruder Fra Angelico wurde mit der Ausschmückung beauftragt. Dieser asketische Mönch hatte eine Leidenschaft für die schillerndsten Farben, mit denen er die kargen Zellen, das Refektorium und sogar die Gänge des Klosters zum Strahlen brachte. Deshalb bekam er schon zu Lebzeiten den Beinamen *Beato* (Seliger).

Hervorzuheben sind im Kapitelsaal sein großes Fresko der *Kreuzigung Christi*, im Refektorium ein *Abendmahlfresko* von Domenico Ghirlandaio und am Kopf der Treppe zum Zellengeschoss Angelicos bekanntestes Werk, die *Verkündigung*.

Fra Angelico und seine Helfer haben jede der 43 Zellen mit einem Fresko versehen. Die Zellen 12 bis 14, die dem Prior vorbehalten waren, sind als Gedenkstätte für Girolamo Savonarola eingerichtet. In die Doppelzelle 38/39 zog sich Cosimo de'Medici häufig zu längeren Meditationen zurück. Im wohlproportionierten *Bibliothekssaal* von Michelozzo (ebenfalls Obergeschoss) sind 115 kostbare Kodices, Miniaturen, Handschriften und ein illustriertes Messbuch von Fra Angelico ausgestellt. *Mo–Fr 8.15–13.50 Uhr, 1., 3. und 5. So sowie 2. und 4. Mo im Mo-*

nat geschl. | Eintritt 8 Euro | Piazza di San Marco 1 | polomusealitoscana.beniculturali.it | ⏲ *1–2 Std. |* 🕮 *G4*

21 MUSEO DI STORIA NATURALE

Fossilien von Wirbeltieren, Wirbellosen und Pflanzen? Das Museum für Geologie und Paläontologie zeigt über 300 000 davon, die besonders beeindruckend für Kinder sind. Unter anderem könnt ihr hier das 4 m hohe Knochengerüst eines Elefanten bestaunen. *Di–So 9.00–17 Uhr | Eintritt 6 Euro, Kinder 3 Euro, Familienticket für 1–2 Erwachsene und max. 4 Kinder 13 Euro | Via Giorgio La Pira 4 | sma.unifi.it* ⏲ *1 Std. |* 🕮 *G 3-4*

22 GALLERIA DELL'ACCADEMIA ★

Wenn Michelangelo Buonarroti (1475–1564) heute in einer Ecke der Accademia di Belle Arti seiner Bildhauerei nachginge, würde er kaum auffallen – in den Hallen und Gängen hat sich nur wenig verändert. Doch er wäre verwundert, dass in der anschließenden Galleria, die durch die Zusammenlegung des Ospedale San Matteo mit einem Kloster entstanden war, jetzt mehrere seiner Hauptwerke von den Touristen bestaunt werden.

In der Galleria dell'Accademia gibt es nicht nur Werke von Michelangelo

Hauptanziehungspunkt ist natürlich die Kolossalstatue seines *David*. Kein Wunder – 6 t so perfekt behaunener weißer Carrara-Marmor, 4,10 m hoch, sind atemberaubend. Doch auf eine andere Art genauso faszinierend wirken die ebenfalls von Michelangelo geschaffenen sogenannten *Gefangenen*. Diese Marmorfiguren sind nicht fertiggestellt, teils noch im Stein gefangen (daher der Name), und genau das macht ihre Faszination aus: Die Skulpturen scheinen unter einer Art Spannung zu stehen, als wollten sie sich aus dem Stein befreien. Weitere Werke Michelangelos sind der *hl. Matthäus* sowie die *Pietà von Palestrina*.

INSIDER-TIPP
Marmorblöcke vom Meister

Weithaus weniger beachtet wird, dass die Accademia die größte europäische Sammlung *spätgotischer Malerei* und weitere Kunstwerke italienischer Künstler des 13.–15. Jhs. besitzt. Last but not least das ehemalige Refektorium voller *Gipsstatuen*. *Di–So 8.15–18.50, 21. Juni–2. August Di bis 22 Uhr | Eintritt 12 Euro (Vorbestellung unter b-ticket.com oder Tel. 055 29 48 83, 4 Euro Aufschlag) | Via Ricasoli 58/60 | galleriaaccademia firenze.it | 1–2 Std. | c1*

23 PIAZZA DELLA SANTISSIMA ANNUNZIATA

Das Jahr begann früher für die Florentiner am 25. März, dem Tag von Mariä Verkündigung neun Monate vor Christi Geburt. An diesem Tag brachten Bauern ihre Produkte zum Verkauf in die Stadt. Bis 1749 wurde hier der etwas andere Jahresbeginn gefeiert, dann zwang ein großherzoglicher Erlass Florenz zur Einhaltung des gregorianischen Kalenders.

Das wundertätige Marienbild – der größte Schatz der Kirche *Santissima Annunziata* (in der Kapelle gleich links im Kirchenschiff), das ein Engel 1252 in einer Nacht fertig gemalt haben soll – wird auch heute noch nur an diesem einzigen Tag enthüllt. Im *Kreuzgang (tgl. 7.30–12.30 und 16–18.30 Uhr)* der Kirche sind Gemälde von Rosso Fiorentino, Pontormo und Andrea del Sarto und in den Seitenkapellen Fresken von Andrea del Castagno und Perugino sehenswert.

Der harmonisch gestaltete *Platz* mit einem Reiterstandbild Ferdinands I. von Giambologna und zwei phantasievollen Brunnen von Pietro Tacca ist an drei Seiten von Arkadenreihen umgeben. Die Gebäude wurden eigentlich errichtet, um Schlafplätze für die zur Marienverehrung gekommenen Pilger zu schaffen, aber später weiter ausgebaut. 1419 begann Filippo Brunelleschi mit dem Bau des *Findelhauses*, des *Spedale degli Innocenti*, mit den Rundbildern der Wickelkinder aus Terrakotta (Andrea della Robbia), das die Westseite des Platzes flankiert. Gegenüber liegt die nach einem Projekt von Antonio da Sangallo 1516–25 errichtete *Loggia dei Servi di Maria*. *c1*

24 MUSEO DEGLI INNOCENTI

Eine Art Babyklappe gab es hier schon ab 1445. Ungewollte Kinder wurden durch eine Drehtür geschoben. Das Museum des *Spedale degli Innocenti* (Hospiz der Unschuldigen) gibt es seit 2016. Auf berührende Art wird in der Krypta das Woher und Wohin von 140 der über 1000 Findelkinder, die bis 1875 hier aufgenommen wurden, dargestellt. Im Untergeschoss erfährt man mehr über die Baugeschichte des Spitals, in den Sälen des ersten

Atemberaubende Einlegearbeiten, rein aus Edelsteinen, im Opificio delle Pietre Dure

Stocks ist eine kleine Kunstsammlung zu sehen. Besonders schön: die Anbetung der Könige (1485) von Domenico Ghirlandaio. Die Eindrücke kann man gut bei einem Cappuccino auf der teils überdachten *Terrasse* auf sich wirken lassen. *Mi–Mo 11–18 Uhr | Eintritt 13 Euro | Piazza della Santissima Annunziata 13 | museodeglinnocenti.it | 1 Std. | c1*

25 MUSEO ARCHEOLOGICO/ MUSEO EGIZIO

Nicht nur die furchterregende *Chimäre von Arezzo* aus dem 4. Jh. v. Chr. kann einem hier Angst einjagen, es gibt so manch' Sonderbares in diesem Museum. Nach der Villa Giulia in Rom mit der größten Sammlung etruskischer Kunst und dem Museo Egiziano in Turin ist das Florentiner Museum das bedeutendste unter den archäologischen Museen Italiens. Außer etruskischen und ägyptischen sind hier auch prähistorische, griechische und römische Funde zu bestaunen, u. a. der berühmte *Vaso François* mit schwarzfigurigen Szenen der griechischen Mythologie (6. Jh. v. Chr.). Im schönen Garten sieht man zudem rekonstruierte etruskische Grabmäler. *Mo–Mi, Sa und 1. So im Monat 8.30–14, Do und Fr 13.30–19 Uhr | Eintritt 8 Euro | Piazza della Santissima Annunziata 9b | polomusealetoscana.beniculturali.it | 2,5 Std. | d1*

26 OPIFICIO DELLE PIETRE DURE

In der weltberühmten Akademie für Restaurierungsarbeiten werden auch heute noch von Kunsthandwerkern Einlegearbeiten aus Halbedelsteinen und Marmor ausgeführt, für die Florenz seit der Renaissance berühmt ist. Paradestück dieser *Pietra-dura*-Arbeiten ist die *Cappella dei Principi* in San Lorenzo. Die Entwürfe und ein Modell der Kapelle sowie unzählige andere Werke werden gezeigt. *Mo–Sa 8.15–14 Uhr | Eintritt 8 Euro | Via degli Alfani 78 | opificiodellepietredure.it | 45 Min. | c1*

27 PALAZZO MEDICI RICCARDI

Hier wohnte Cosimo der Ältere mit seiner Familie bis zu seinem Tod 1464. Zwanzig Jahre zuvor hatte er Michelozzo mit dem Bau dieses Prunkpalasts mit seiner Fassade aus großen Quadersteinen beauftragt. Über den Arkaden des Innenhofs prangt das Medici-Wappen. Nur wenige Räume und die kleine *Cappella dei Magi* mit ihren wunderschönen Landschaftsfresken von Benozzo Gozzoli darf man besichtigen. In den übrigen Räumen logiert die Provinzverwaltung von Florenz. *Do–Di 9–19 Uhr | Eintritt 7 Euro | Via Camillo Cavour 1 | palazzomediciriccardi.it | 30 Min. | b1*

28 SAN LORENZO ★

Kein Stein in dieser Kirche, der nicht irgendwie an eine Persönlichkeit aus dem Hause der Medici erinnert. Giovanni di Bicci de' Medici, der Stammvater, beauftragte Brunelleschi um 1420 mit der Erweiterung des frühchristlichen Gotteshauses, das schon 393 dem hl. Lorenz geweiht worden war. Brunelleschi beendete 1428 zunächst die Alte Sakristei *(Sagrestia Vecchia)*, den ersten Zentralraum der Renaissance. Cosimo der Ältere, Gio-

Marmorfassade in Grün-Weiß: Santa Maria Novelle

vannis Sohn, führte dann den Bau der Kirche bis zu ihrer Vollendung 1446 weiter. Er liegt in der Krypta begraben. Eine vielfarbige, runde Steinplatte vor dem Hauptaltar markiert die Stelle. Neben seinem Freund und Mäzen Cosimo Il. Vecchio fand Donatello seine letzte Ruhestätte.

Zur endgültigen Umwandlung des Kirchenkomplexes in ein großes Mausoleum, den *Cappelle Medicee (Mo 8.15–18, Mi–Fr 13.15–18.50, Sa/So 8.15–13.50 Uhr | Eintritt 9 Euro, bei Sonderausstellungen mehr | Eingang: Piazza Madonna degli Aldobrandini 6 | cappellemedicee.it)*, trug Papst Leo X., Urenkel Cosimos, entscheidend bei, als er Michelangelo mit dem Bau der Neuen Sakristei *(Sagrestia Nuova)* beauftragte. In den Medici-Kapellen stehen die bedeutenden Grabmäler für Lorenzo Il Magnifico, seinen Bruder Giuliano und deren Nachkömmlinge Giuliano, Herzog von Nemours, sowie Lorenzo, Herzog von Urbino – alle ebenfalls aus der Hand Michelangelos. Mit dem Bau der angrenzenden und vollständig mit Halbedelsteinen ausgekleideten Fürstenkapelle, der *Cappella dei Principi*, fand zu Beginn des 17. Jhs. die Verherrlichung der Herrscherfamilie ihren gloriosen Abschluss.

INSIDER-TIPP
Begraben auf vornehmste Art

Zum Kreuzgang und der *Biblioteca Medicea Laurenziana* gelangt man durch eine Tür links neben dem Kirchenportal. Es gab Ausschreibungen für die Gestaltung der Rohsteinfassade, auch Pläne von Michelangelo liegen vor, wurden aber nie ausgeführt. *Mo–Sa 10–17 Uhr | Eintritt 9 Euro | Piazza di San Lorenzo | sanlorenzofirenze.it | 1,5 Std. | b1*

29 BIBLIOTECA MEDICEA LAURENZIANA

INSIDER-TIPP
Vor den Zeiten des E-Books

Hier findet ihr die wichtigste und wohl beeindruckendste Sammlung antiker Bücher Italiens, eine der wertvollsten

Handschriftensammlungen der Welt. Hinterlassen wurde dieses Erbe von den Medici. Der architektonisch höchst eigenwillige Vorraum der Bibliothek mit der grandiosen *Treppenanlage* sowie die anschließende *Sala Grande* wurden von Michelangelo entworfen, ebenso die Lesepulte und die hölzerne Decke. *Beschränkter Einlass Mo–Fr 8.30–13.30, Di 8.30–16.30 Uhr | Tickets nur über Reservierung unter Tel. 05 52 93 79 11 | Piazza San Lorenzo 9 | Eingang links der Kirchenfassade | bmlonline.it |* *b2*

SANTA MARIA NOVELLA

Das Viertel Santa Maria Novella liegt mitten in Florenz und ist lebendig und multikulturell. Luxusshopping, Krimskramsläden, Restaurants und Dönerbuden, hier gibt's alles eng beieinander.

Hier kommt man mit dem Zug an – und steigt direkt in einem Meisterwerk italienischer Architektur des Ra-

tionalismus aus. Nur dafür fährt man vielleicht nicht extra nach Florenz, aber vor dem Bahnhof steht eine der schönsten Kirchen der Stadt, die dem Viertel seinen Namen gab.

30 SANTA MARIA NOVELLA

„In der ehrwürdigen Kirche Santa Maria Novella ...", Boccaccios Decamerone, erstes Kapitel, Florenz in Zeiten der Pest. Die Seuche wütete grausam im 14. Jh., fast die Hälfte der Einwohner wurde dahingerafft. Die Überlebenden stifteten der Kirche viele Kapellen. Dieser erste gotische Bau der Stadt entstand 1246–1300. Die Außenmauern sind wie das Baptisterium mit weißem und grünem Marmor verkleidet. Der obere Teil der Fassade wurde allerdings erst 1470 vollendet.
Auch das Innere dieser Kirche ist unglaublich schön. Die großen Freskenzyklen zeigen Wohnstil und Mode des 15. Jhs. Zu den schönsten gehören in der Hauptchorkapelle (1486–90) die Szenen Domenico Ghirlandaios aus dem Leben Mariä, die Fresken der *Cappella Strozzi* rechts neben dem Hauptaltar von Filippino Lippi und die düsteren Visionen des *Jüngsten Gerichts* von Nardo di Cione (um 1357) in der *Cappella Strozzi di Mantova*. Im dritten Joch links malte Masaccio kurz vor seinem Tod 1428 ein bereits perspektivisch exakt durchkonstruiertes *Dreifaltigkeitsfresko*. Zudem Werke von Brunelleschi (die Marmorkanzel und ein Holzkruzifix in der *Cappella Gondi*), Giotto (Kruzifix) und Giovanni della Robbia.
Der benachbarte Grüne Kreuzgang *(Chiostro verde)* von 1332, den Paolo Uccello mit Szenen der Schöpfungsgeschichte ausmalte (leider schlecht erhalten), und die *Cappella Spagnola* mit den Fresken zum *Triumph des Dominikanerordens* von Andrea da Firenze lohnen ebenfalls einen Besuch. *Mo–Do und Sa 9.30–17.30, Fr 11–17.30, So 13–17.30 Uhr, Okt.–März nur bis 17 Uhr | Eintritt 7,50 Euro | Piazza di Santa Maria Novella 18 | smn.it | 30 Min. | a2*

31 MUSEO NOVECENTO

Ein kleines Stück Moderne! Über 300 Meisterwerke italienischer Maler des 20. Jhs. sind der stolze Besitz der Stadt Florenz. Werke von Giorgio de Chirico, Carlo Carrà, Giorgio Morandi und Marino Marini haben 2014 Platz in einem eigenen Museum gefunden. *Fr–Mi 11–20 Uhr | Eintritt 9,50 Euro | Piazza Santa Maria Novella 10 | museonovecento.it | 1,5 Std. | a2*

32 MUSEO MARINO MARINI

Pferde in der Kirche? Das erste Florentiner Museum für moderne Kunst wurde 1988 in der früheren Kirche San Pancrazio eingerichtet – mit über 200 Pferdedarstellungen des Pistoieser Bildhauers, Malers und Grafikers Marino Marini (1901–80). Dazu kam 2013 noch ein architektonisch-sakrales Highlight: die kleine *Cappella Rucellai*, die seit den Zeiten Napoleons zugemauert war. Nach einer aufwendigen Restaurierung kann man sie jetzt wieder betreten. Giovanni Rucellai ließ sich sein eigenes Grabmal um 1570 von Leon Battista Alberti

INSIDER-TIPP
Verborgener Schatz in neuem Glanz

dort errichten. *Sa–Mo 10–19 Uhr | Eintritt 10 Euro | Piazza di San Pancrazio | museomarinomarini.it | 1 Std. | a2*

33 PALAZZO RUCELLAI

Den vornehmsten Palast der Stadt hat sich der reiche Kaufmann Giovanni Rucellai ganz unbescheiden erbauen lassen. Hier wurde die Forderung des Baumeisters Leon Battista Alberti (1402–72) verwirklicht, dass Wohnpaläste „schön verziert, fein artikuliert und vornehm sein (sollten), statt prunkvoll und imposant". Bis heute wohnen die Rucellais in ihrem Palast, schauen darf man leider nur von außen. *Via della Vigna Nuova 18 | a3*

34 MUSEO SALVATORE FERRAGAMO

In den unteren Räumen des Palazzo Spini Feroni erzählen unzählige Schuhpaare die Geschichte des Schuhkönigs Salvatore Ferragamo (1927–60) und seiner Marke. Ausgestellt sind u. a. die Modelle von Marilyn Monroe, Greta Garbo, Audrey Hepburn oder Judy Garland. Häufig finden hier auch Sonderausstellungen statt. *Tgl. 10.30–19.30 Uhr | Eintritt 8 Euro | Piazza Santa Trinita 5r | ferragamo.com | a-b3*

35 OGNISSANTI

Sponsorentum im großen Stil. Die angesehene Vespucci-Familie finanzierte nicht nur einen Großteil der Ausstattung dieser Allerheiligenkirche, sondern 1380 auch gleich noch das angrenzende Hospital *San Giovanni di Dio,* das bis vor Kurzem noch als Krankenhaus genutzt wurde.

Zum Dank breitet im zweiten Kirchenaltar rechts eine *Madonna* (ein frühes Werk Ghirlandaios, um 1473) ihren

Von der Edelmeile Via Tornabuoni sind es nur wenige Schritte bis zum Palazzo Rucellai

schützenden Mantel über die Familie Vespucci aus. Der junge Mann unter ihrem rechten Arm ist vermutlich der Seefahrer Amerigo Vespucci, nach dem der damals frisch entdeckte Kontinent Amerika benannt wurde.

Aber in dieser Kirche gibt es noch viel mehr zu sehen: In der zweiten Kapelle des rechten Querschiffs zeigt eine runde Steinplatte die Grabstelle des großen Frührenaissancemalers Sandro Botticelli an, von dem auch das Fresko des hl. Augustinus im Refektorium des Klosters stammt. Im linken Querschiff kann man nach endlosen Restaurierungsarbeiten wieder das berühmte *Kruzifix Giottos* aus dem 14. Jh. bewundern.

Im gleichen Raum seht ihr auch das große *Cenacolo del Ghirlandaio*, das Abendmahlfresko von Domenico Ghirlandaio (1480). *Do–Di 9.30–12.30, 16–19.15, Mi 16–19.15 Uhr | Eintritt frei | Borgo Ognissanti 42 | chiesaognissanti.it |* *E5*

SANTA CROCE

Die Franziskanerkirche Santa Croce hat dem Viertel seinen Namen gegeben. Aber drum herum geht es ganz weltlich zu, wird ausgegangen, geshoppt und gegessen. Kleine Geschäfte, Bars, Kneipen und eine Menge toskanischer sowie internationaler Restaurants machen dieses Viertel zu einem der lebendigsten der Stadt.

Der Platz ist einer der ältesten Fußballplätze der Welt. Hier fand auch damals der *Calcio in Costume* statt. Da wurde wild gebolzt, und das Publikum johlte, daran hat sich bis heute nichts geändert. Am Südende der Piazza erkennt man in der Wand eine Scheibe aus Marmor, die genau die Hälfte des Spielfelds kennzeichnet. Am Westende des Platzes lag im 2. Jh. das *Amphitheater* – heute noch erkennbar an der ovalen Straßenfüh-

Santa Croce: gebaut für einen Bettelorden, doch ausgestattet mit bedeutenden Grabmälern rung von Piazza de'Peruzzi, Via Bentaccordi und Via Torta.

36 SANTA CROCE ★

Santa Croce ist die Hauptkirche der Franziskaner in Florenz. Kurz nach dem Tod des hl. Franziskus 1226 errichteten seine Anhänger hier eine kleine Kapelle, doch bald wurde der Ansturm der Gläubigen so groß, dass man anbauen musste. 1294 legte man den Grundstein für den mächtigen gotischen Neubau, 1385 wurde er fertiggestellt. Mit einer Länge von 115 m und einer beachtlichen Breite übertraf Santa Croce nun an Ausdehnung die kurz zuvor vollendete Kirche Santa Maria Novella des rivalisierenden Dominikanerordens. Die neugotische Fassade bekam die Kirche dann 1853 vorne „aufgeklebt".

Der Innenraum mit dem offenen, bemalten Dachstuhl und einem geraden Chorabschluss zeigt die für Bettelordenskirchen typisch schlichte Architektur, bekannt auch als das „Pantheon von Florenz": 278 *Grabplatten* des 14.–19. Jhs. sind in den Fußboden eingelassen. Galileo, Michelangelo, Machiavelli, Ghiberti, der Komponist Rossini und viele andere ruhen in ihren prächtigen Grabmälern. Dante, der größte Dichter Italiens, starb zwar in der Verbannung in Ravenna, 500 Jahre nach seinem Tod wurde er hier aber doch noch mit einem Denkmal geehrt.

Die rechts neben dem Hauptaltar liegenden *Grabkapellen der Bardi und Peruzzi* malte Giotto in den Jahren 1316–30 mit Fresken aus, die zu den herausragenden dieser Epoche zählen. Auch die anderen Kapellen sind mit kostbaren Wandmalereien geschmückt. Die *Marmorkanzel* schuf Benedetto da Maiano, das *Verkündigungstabernakel* aus grauem Sandstein mit Vergoldungen (hinter dem fünften Pfeiler rechts) ist ein bedeutendes Werk Donatellos (1435).

Rechts neben der Kirche liegt der Eingang zu den Klosterhöfen mit der *Cappella dei Pazzi* und dem *Museo dell'Opera di Santa Croce*. Die architektonisch bedeutsame Kapelle mit ihren klaren, ganz in Weiß und Grau gehaltenen Formen wurde vermutlich von Brunelleschi, dem Architekten der Domkuppel, 1429–44 erbaut. Die *Medaillons* aus glasierter Terrakotta schuf Luca della Robbia. Im Kirchenmuseum sind Werke Florentiner Sakralkunst ausgestellt. *Kirche und Museum: Mo–Sa 9.30–17.30, So 12.30–17.45 Uhr | Eintritt 8 Euro | Piazza di Santa Croce 16 | santacroceopera.it | ⏲ 45 Min. | d3*

37 CASA BUONARROTI

Den kleinen Palazzo kaufte sich Michelangelo Buonarroti. 1858 wurde er dann von Cosimo Buonarroti, seinem Großneffen, der Stadt vermacht. Zahlreiche Zeichnungen, Reliefs, Pläne und Erinnerungsstücke an den Universalkünstler sind hier ausgestellt. Unter den Frühwerken ist auch das berühmte Marmorrelief *Madonna della Scala* und die eindrucksvolle *Kentaurenschlacht* zu sehen. *Mi–Mo 10–16.30 Uhr | Eintritt 8 Euro | Via Ghibellina 70 | casabuonarroti.it | 1,5 Std. | d3*

38 MUSEO NAZIONALE DEL BARGELLO ★

Wehrhaft und abweisend steht er da, der zinnengekrönte Palast (1254–61). Früher wachten der Stadtkommandant und der Bürgermeister im 54 m hohen Turm über ihre Stadt. 1502–1859 waren hier das Stadtgefängnis und die Wohnung des Polizeihauptmanns *(bargello)* untergebracht, der dem Gebäude seinen heutigen Namen gab, und im Innenhof stand der Galgen – noch bis 1782 in Gebrauch. Heute befindet sich im hohen Gewölbe des Bargello die größte Sammlung italienischer Skulpturen des 14.–16. Jhs., außerdem die Medaillensammlung der Medici, bedeutende Elfenbeinwerke und Majoliken des 15.–18. Jhs. sowie Waffen und Kleinbronzen. Glanzstücke des Museums sind Michelangelos *Trunkener Bacchus* (1497 begonnen), die Marmorbüste des *Brutus* (um 1540) und das kreisrunde *Tondo Pitti* (1504), die zusammen mit Werken Cellinis, Giambolognas und anderen im Erdgeschoss ausgestellt sind. Im großen Saal des Obergeschosses kann man die Skulpturen der Frührenaissance wie die beiden *Davidstatuen* in Marmor (1408) und Bronze (1423) von Donatello bestaunen. *Tgl. 8.45–13.30 Uhr, 2. und 4. So sowie Di geschl., bei Sonderausstellungen länger geöffnet, sehr variable Öffnungszeiten, besser auf der Website nachschauen | Eintritt 12 Euro, Sammelticket für Bargello, Cappelle Medicee, Davanzati, Orsanmichele und Casa Martelli 21 Euro (72 Stunden gültig) | Via del Proconsolo 4 | bargellomusei.beniculturali.it | 1,5 Std. | c3*

INSIDER-TIPP
Körperspannung in Bronze

39 MUSEO GALILEO – ISTITUTO DI STORIA DELLA SCIENZA

Interaktiv und spannend auch für Nicht-Naturwissenschafler. Das Museum gehört zu den weltweit bedeutendsten seiner Art. Eine große Sektion ist Galileo Galilei gewidmet. Mathematische, optische, hydraulische, astronomische und chirurgische Geräte sind hier ausgestellt, darunter Planetenmodelle, das erste Teleskop, die Fernrohre und die Linsen, mit denen der große Astronom und Physiker seine Beobachtungen machte und u. a. die Jupitertrabanten entdeckte, das erste Quecksilberbarometer, eine bedeutende Sammung von Mineralien und vieles mehr. *Mi–Mo 9.30–18, Di bis 13 Uhr | Eintritt 10 Euro, Kinder 6 Euro | Piazza dei Giudici 1 | museogalileo.it | 1 Std. | b4*

Museo Nazionale del Bargello: Festzug zum Baptisterium auf einer Hochzeitstruhe

Harmonie der Proportionen ganz im Sinne der Renaissance: Santo Spirito

40 MUSEO HORNE

Als 1916 der englische Kunsthistoriker und Architekt Herbert Percy Horne starb, überließ er dem italienischen Staat seinen *Palazzo Corsi* (15. Jh.) und seine beachtliche Kunstsammlung: über 6000 Werke von Giotto, Simone Martini, Filippo Lippi, Masaccio und Giambologna bis hin zu kostbaren Einrichtungsgegenständen des 14.–16. Jhs. *Do–Di 10–14 Uhr | Eintritt 7 Euro | Via dei Benci 6 | museohorne.it | 1 Std. | c4*

OLTRARNO

Oltrarno, jenseits des Arno, das war früher das Florenz der einfachen Leute: laut, urig mit kleinen Werkstätten überall, in denen Kunsthandwerker traditionsbewusst Leder, Glas, Bronze, Holz, Marmor, Gold und Silber verarbeiteten.

In den verwinkelten Gassen spürt man auch heute noch einen Hauch des „alten", authentischen Florenz, auch wenn die Gentrifizierung in vollem Gange ist. Der besondere Charme dieses Viertels lockt vor allem reiche amerikanische Studenten an, was wiederum die Preise steigen lässt. Dennoch bleibt noch Platz für Künstler und Alternative, und abends ist Leben auf den Straßen, in den Bars und Trattorien.

41 SANTA MARIA DEL CARMINE/ CAPPELLA BRANCACCI

Außen eine schmucklose Rohsteinfassade (in Restaurierung), innen ein Schatz der Renaissancemalerei: die Fresken mit Szenen aus dem Leben

Petri in der *Cappella Brancacci*. Als der ursprüngliche Bau der Karmeliterkirche (ab 1268) bei einem Brand 1771 fast vollständig zerstört wurde, blieb diese Kapelle an der rechten Stirnwand des Querschiffs vom Feuer verschont. Man betritt sie heute vom Klosterhof, Eingang rechts neben der Fassade. Der 15-teilige *Freskenzyklus*, begonnen 1423 von Masolino da Panicale und Masaccio, wurde 1483 von Filippino Lippi vollendet. Besonders die Fresken Masaccios (größtenteils an der linken Wand der Kapelle) gelten wegen ihrer genialen Darstellung von Licht und Schatten und der geometrischen Verteilung der Personen als richtungsweisend für die nachfolgende Kunst. Durch eine umfassende Restaurierung erhalten die Fresken jetzt wieder ihre ursprüngliche Farbkraft. *Kapelle Mo und Mi–Sa 10–17, So 13–17 Uhr Anmeldung unter Tel. 05 52 76 82 24 | Eintritt 10 Euro | Piazza del Carmine 14 | museicivicifiorentini.comune.fi.it/brancacci | 45 Min., für Kapelle limitiert auf 30 Min. | E5–6*

42 SANTO SPIRITO

Diese Kirche umweht wirklich ein heiliger Geist. Alles an ihr ist schlicht, klar und schön. Mitte des 13. Jhs. ließen sich Augustinermönche hier nieder, und schon bald wurde die von ihnen geführte Schule zu einem Zentrum humanistischer Studien. 1438–82 entstand nach Plänen Brunelleschis die Kirche mit ihrer perfekt proportionierten, aber komplett schmucklosen Fassade. Auch der Innenraum besticht durch seine klare Aufteilung, nur der barocke Baldachinaltar durchbricht das Ganze. In einem Extraraum wurde das hölzerne *Kruzifix* von Michelangelo platziert, sein erstes großes Jugendwerk, das man jetzt von allen Seiten anschauen kann. Die weniger Kulturbeflissenen sitzen gern in den vielen netten, alternativen Cafés, Bars und Restaurants um die *Piazza Santo Spirito* und reden, essen, trinken oder spielen Gitarre. Hier ist eigentlich immer was los, morgens finden manchmal Märkte statt, und abends treffen sich alle *in piazza. Mo/Di und Do–Sa 10–13 und 15–18, So 11.30–13.30 und 15–18 Uhr | Piazza Santo Spirito 29 | basilicasantospirito.it | 30 Min. | a4*

INSIDER-TIPP
So jung und schon so genial

43 SANTA FELICITA

An der Piazza Santa Felicita gleich hinter dem Ponte Vecchio stand vermutlich die erste christliche Kirche von Florenz. Das 1739 barockisierte Innere der frühchristlichen Basilika birgt zwei Schätze des Manierismus: das Altarbild der *Kreuzabnahme* und das Fresko der *Verkündigung* von Pontormo (1525–28). *Mo–Sa 9.30–12.30 und 15.30–17 Uhr | Piazza Santa Felicita 3 | b4*

44 PALAZZO PITTI

Er ist nicht zu übersehen! Dieser kolossale Klotz ist eine Demonstration von Macht und Größe. Den Kern dieses Palasts ließ 1457 der Florentiner Kaufmann Luca Pitti errichten, aber über die Jahrhunderte wurde er auf 205 m Fassadenlänge ausgebaut. Bis 1859

residierten hier Großherzöge, und als Florenz 1865–71 Hauptstadt Italiens war, sogar König Viktor Emanuel II. Heute sind hier sieben Museen – die *Galleria Palatina* ist nach den Uffizien die wichtigste Gemäldegalerie in Florenz. Unter einem großen Dach sind Gemälde von Tizian, Raphael, Tintoretto, Giorgione, Rubens, Caravaggio, van Dyck und Velázquez vereint.
Fürstlichen Wohnstil bekommt man auf der rechten Seite des Obergeschosses in den *Appartamenti Reali* zu sehen. Im obersten Stock ist die *Galleria d'Arte Moderna* untergebracht. In 30 (nur teilweise geöffneten) Sälen wird ein komplettes Spektrum toskanischer Malerei vom 18. bis zum 20 Jh. gezeigt. Besonders interessant sind die Werke der *Macchiaioli* (Fleckenmaler), einer Künstlergruppe, die den Impressionisten nahestand.
Das *Museo degli Argenti* (Silbermuseum) beherbergt in Räumen, die anlässlich der Hochzeit Ferdinands II. mit Vittoria della Rovere 1634 prunkvoll ausgestattet wurden, den Silberschatz der Medici sowie wertvolle Arbeiten aus Gold, Edelsteinen und Elfenbein. Im *Museo della Moda e del Costume* kann man Kostüme und Kleidung von der Renaissance bis heute bewundern.
Im Kavaliersgarten gingen die mediceischen Großherzöge früher ihrem Hobby nach: Sie züchteten Seidenraupen. Heute befindet sich hier das *Museo delle Porcellane* mit einer Porzellankollektion aus dem 18. und 19. Jh. *Di–So 8.15–18.30 Uhr | Eintritt 16 Euro | Piazza Pitti 1 | uffizi.it/palazzo-pitti | 3–4 Std. | E–F6*

45 GIARDINO DI BOBOLI ★

Gärten und Parks sind oft hinter dicken Mauern versteckt, und Besucher

Groß, größer, Palazzo Pitti: Dessen Fenster sind größer als die Türen des Palazzo Medici

müssen draußen bleiben. Der Giardino di Boboli beim Palazzo Pitti ist eine der wenigen Gartenanlagen der Stadt, wo man reindarf – nur leider nicht umsonst. Aber es lohnt sich! Laubengänge, Zypressenalleen, Wasserspiele, Teiche und künstliche Grotten erwarten euch. Ihr könnt hier entspannt einen halben Nachmittag verbringen, rumlaufen, lesen oder einfach mal durchatmen. *Tgl. Nov.–Feb. 8.15–16.30, März bis 17.30, April/Mai und Sept./Okt. bis 18.30, Juni–Aug. bis 19.10 Uhr, 1. und letzter Mo des Monats geschl. | Eintritt 10 Euro | Eingänge Palazzo Pitti, Via Romana und Porta Romana | uffizi.it/giardino-boboli |* *E–F 6–7*

46 FORTE DI BELVEDERE

Als Ferdinand I. de' Medici 1590 oberhalb von Florenz Buontalenti mit dem Bau dieser Festungsanlage beauftragte, ließ er die Kanonen auch auf die Stadt richten, denn man wusste ja nie, was die Untertanen so trieben. Im Innern der Anlage liegt der elegante, dreistöckige *Palazzetto di Belvedere*. Die Festung öffnet ihre Tore vor allem für Open-Air-Ausstellungen. Diese nicht verpassen! *Wechselnde Öffnungszeiten, im Sommer meist 10–20 Uhr| Preise für Ausstellungen im Palazetto variieren, der Außenbereich ist frei | Via San Leonardo | museicivici fiorentini.comune.fi.it/fortebelvedere |* *F6*

47 MUSEO ZOOLOGICO „LA SPECOLA"

Vogelspinnen, Schmetterlinge und Riesenschildkröten. In der früheren Sternwarte *La Specola* befindet sich heute eine faszinierende zoologische Sammlung von Tierpräparaten. Aber auch verblüffend naturgetreue Wachsnachbildungen menschlicher Organe und ganzer „enthäuteter" Körper sind in der anatomischen Abteilung in Vitrinen ausgestellt. Heute kurios, aber ursprünglich dienten viele von ihnen dem medizinischen Unterricht. *Vorübergehend geschl. | Via Romana 17 | msn.unifi.it | 1 Std. | E6*

48 MUSEO STEFANO BARDINI

Das Museum trägt den Namen des berühmten Sammlers, Restaurators und Fotografen Stefano Bardini, der 1922 seine gesamte Sammlung der Stadt vermachte. Neben Werken u.a. von Donatello, Antonio del Pollaiolo, Tiepolo kann man hier auch die Original-Bronze des *porcellino* von Pietro Tacca sehen, dessen Kopie an der *Loggia del Mercato Nuovo* die Touristen die Nase blank streicheln. *Fr–Mo 11–17 Uhr | Eintritt 7 Euro | Via dei Renai 37 | musefirenze.it/musei/museo-stefano-bardini | 45 Min. | G6*

49 GIARDINO & VILLA BARDINI

Auf dem Weg zum Rondò Belvedere steigt einem schon auf der barocken Freitreppe der Duft von Rosen, Hortensien und Glyzinien in die Nase. Oben angekommen hat man als Entschädigung für die vielen Stufen vom bezaubernden *Garten (ab 10 Uhr ganztägig geöffnet58)* der Villa Bardini einen phantastischen Blick auf die Stadt. In der Villa befindet sich auch das *Museo Pietro Annigoni. Di–So 10–20 Uhr | Eintritt 10 Euro | Costa di San Giorgio 2 | villabardini.it | 1 Std. | F6*

50 TORRE SAN NICCOLÒ

Endlich ein ruhiger Platz für Selfies ohne Reisegruppen, die einem dauernd durchs Bild rennen. Und was für einer: in 45 m Höhe auf einem der letzten erhaltenen Türme der mittelalterlichen Stadtmauer. *Mitte Juni–Aug. 17–20, Sept. 16–19 Uhr | Eintritt 6 Euro | Piazza Giuseppe Poggi | musefirenze.it/musei/torre-san-niccolo | H6*

AUSSERDEM SEHENSWERT

51 PIAZZALE MICHELANGELO

Der Blick von hier oben ist einmalig. Touristen und Einheimische gleichermaßen lieben das große Aussichtsplateau und nehmen dafür immer wieder die vielen Treppen auf sich, obwohl man es auch mit Auto und Bus erreichen kann. Die weithin sichtbaren Bronzekopien von Michelangelos *David* und den *Vier Tageszeiten* weisen den Weg. *Bus 12, 13 | H6*

52 GIARDINO DELLE ROSE

Direkt unterhalb des Piazzale Michelangelo liegt der vielleicht schönste Garten der Stadt. Wie der Piazzale wurde er vom Architekten Giuseppe Poggi entworfen. Im Giardino delle

Rose kann man Sonne tanken, abhängen, und es erwartet einen ein ganz spezielles Fotomotiv: die Stadt, eingerahmt von einem Bronzekoffer.

INSIDER-TIPP
Florenz durch den Reisekoffer

Dieser und andere Statuen sind die Werke des belgischen Künstlers Jean-Michel Folon. *Tgl. 10–18, im Sommer bis 20 Uhr | Viale Giuseppe Poggi 2 |* *G6*

53 SAN MINIATO AL MONTE ★

Ein paar Minuten zu Fuß vom Piazzale entfernt knirscht der Kies unter den Füßen auf dem Weg zu der Kirche romanischer Baukunst, die still und erhaben über der Stadt liegt. Wenn man Glück hat, kann man einen Mönch über den Vorplatz der Kirche hasten sehen oder es tönen die Vespergesänge aus dem Inneren. In jedem Fall hat diese Kirche eine Atmosphäre, die die Italiener als *suggestivo* bezeichnen: magisch, zauberhaft, spirituell. Schon zu Zeiten Karls des Großen stand hier eine Kirche; vermutlich wurde sie über dem Grab des hl. Minias errichtet, der 250 n. Chr. den Märtyrertod starb. Seine Gebeine werden in einem Schrein in der Krypta aufbewahrt.

Die Fassade der heutigen Basilika (1018–1207) ist mit weißem Carrara-Marmor und grünem Serpentin belegt. Auch Fußboden, Chorschranken und Kanzel tragen kostbare Marmoreinlegearbeiten. Das Apsismosaik mit dem *Thronenden Christus* von 1297 wurde mehrfach restauriert. Am Ende des Mittelschiffs ein tonnengewölbtes *Marmortabernakel* von Michelozzo (1448) mit Kassettenrosetten und farbigen Majolikaschindeln von Luca della Robbia. Die Altartafeln (um 1396) stammen aus der Werkstatt Agnolo Gaddis. Im linken Seitenschiff befindet sich die *Cappella del Cardinale del Portogallo*: Das Grabmal wurde von Rossellino gestaltet, die Kapellendecke und die Rundbilder aus farbig glasierter Terrakotta von Luca della Robbia (1461–66).

Die Kirche und der angrenzende *Palazzo dei Vescovi* gehörten 1373–

Überdimensionaler Christus in goldendem Mosaik: San Miniato al Monte

1552, wie auch heute wieder, den Olivetanern, einer Benediktinerkongregation, deren Vespergesänge stets um ca. 18.30 Uhr in der Kirche ertönen. *Tgl. 9–19, Winter 13–15.30 Uhr | Via Monte alle Croci | sanminiatoalmonte.it | Bus 12, 13 | H7*

INSIDER-TIPP
Choräle über der Stadt

54 PARCO DELLE CASCINE

Viel Grün und ganz umsonst. Der riesige Park liegt direkt am Arno und mittendrin das Schwimmbad *Le Pavoniere (tgl. 9.30–19.30 Uhr | Eintritt an Wochentagen 8 Euro, Kinder 6 Euro, an Wochenenden 12 Euro, Kinder 9 Euro)*, im Sommer perfekt zum Baden oder *aperitivo* trinken. Ganzjährlich könnt ihr dort Rollerskates leihen. *Piazzale delle Cascine | Tram 1* (Haltestelle Cascine) | *A-C 3-4*

55 FORTEZZA DA BASSO

Zurück aus der Vertreibung verschanzten sich die Medici in dieser mächtigen, sternförmigen Festungsanlage am Südende der Stadt, um künftig gegen Volksaufstände besser gewappnet zu sein. Heute finden hier die große internationale Modemesse für Herren *Pitti Uomo (pittimmagine.com)* sowie weitere Messen, Kongresse und Events statt. *Viale Filippo Strozzi 1 | Tram 1 (Haltestelle Fortezza) | E3*

56 MUSEO STIBBERT

Mehr als 10 000 Rüstungen und Waffen aus Europa, Asien und Afrika. In der Rittersaal-ähnlichen *Sala della Cavalcata* ist sogar ein Zug von 14 Rittern und Pferden im vollen Harnisch des 16. Jhs. aufgebaut! Frederick Stibbert fing gegen 1860 an, ein wahres Rari-

Der Parco delle Cascine zieht sich rund 3,5 km am Nordufer des Arno entlang

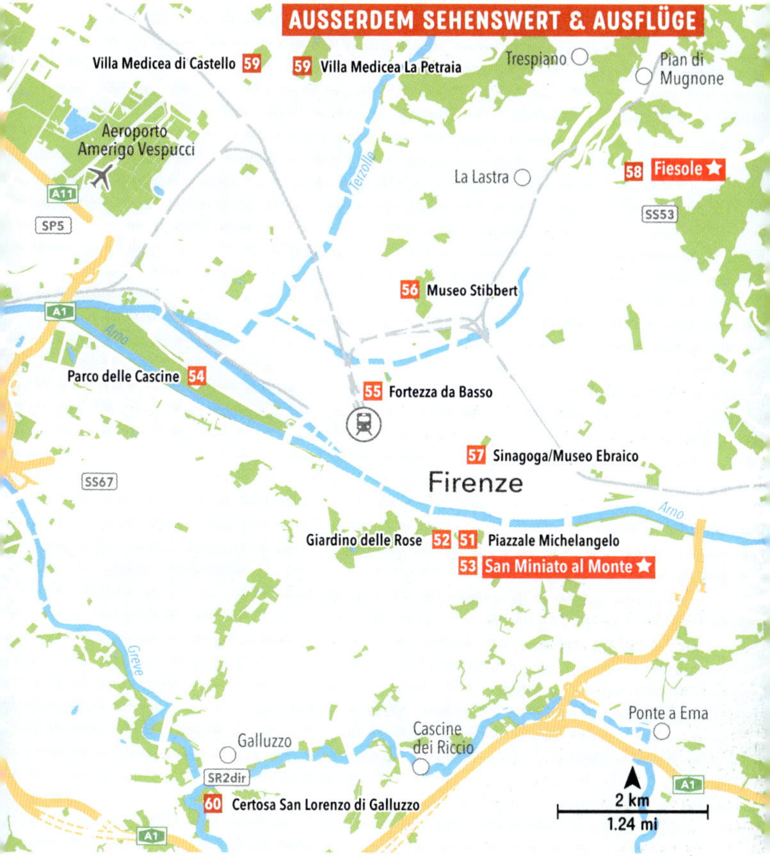

tätenkabinett aufzubauen. 64 Räume seines Hauses sind voll mit Möbeln, Skulpturen, Kostümen und Kuriositäten. Die Villa umgibt ein weitläufiger Park (guter Picknickort). *Park: April–Okt. Fr–Mi 8–19, Nov.–März 8–17 Uhr | Eintritt frei | Museum: ganzjährig Mo–Mi 10–14, Fr–So 10–18 Uhr | Eintritt 8 Euro, Kinder 6 Euro | Via Federigo Stibbert 26 | museostibbert.it | Tram 1 (Haltestelle Muratori – Stazione Statuto) | 1,5 Std. | F1*

57 SINAGOGA/MUSEO EBRAICO

Der Bau der Synagoge von Florenz wurde 1882 beendet und ist ein schönes Beispiel neumaurischer Architektur. Das Innere ist vollständig mit Fresken versehen. Auch die Mosaiken, mehrfarbigen Glasfenster und Dekorationen in Bronze und Holz sind bemerkenswert.

Im ersten Stock wird die Geschichte der Juden in Florenz anhand von Fotos, Gemälden und rituellen Gegenständen veranschaulicht. *Juni–Sept. So–Do 10–18.30, Fr 10–17, Okt.–Mai So–Do 10–17.30, Fr 10–15 Uhr, Sa und an jüdischen Feiertagen geschl. | Eintritt 6,50 Euro | Via Farini 4/6 | firenzebraica.it | Bus 6, 14, 23, 31 (Haltestelle Colonna 01) | ⏲ 1 Std. | H5*

AUSFLÜGE

58 FIESOLE ★

7 km/30 Min. mit Bus 7 ab Hauptbahnhof

Ihr solltet auf keinen Fall abreisen, ohne Fiesole gesehen zu haben! Boccaccio und Proust waren schon angetan von dem kleinen Ort oberhalb von Florenz, aber Fiesole war zuerst da. Das *Amphitheater*, Reste römischer *Thermen* und Teile der etruskischen *Stadtmauer* bezeugen das. Unübersehbar im Ort ist die mächtige *Catedrale di San Romolo*, und noch ein Stückchen weiter oben steht ruhig und friedlich das *Kloster San Francesco*. Hier oben liegt euch die ganze Toskana zu Füßen (s. ausführlich: Erlebnistour 3 ab S. 125). *0*

59 VILLA MEDICEA DI CASTELLO/ VILLA MEDICEA LA PETRAIA

8 km/30 Min. mit Zug und Bus 2/28

Übervölkert, eng, stinkig, düster und feucht – so war Florenz im 15. Jh. Deshalb zog sich damals die Upper Class (also die Medici) auf die umliegenden Hügel zurück und baute sich dort ab Anfang des 16. Jhs. herrliche Villen, umgeben von prächtigen Gärten mit bester Aussicht auf die umliegende Landschaft. Die Aussicht ist natürlich inzwischen dahin, verdrängt durch Wohngebiete und Fabriken. Aber die Gebäude haben die Jahrhunderte überdauert, und die meisten Gärten auch. Zwei der Medici-Villen liegen direkt am Stadtrand von Florenz, und zumindest Gartenliebhaber sollten einen Besuch einplanen. Mit den Buslinien 2 und 28 kommt man bestens vom Hauptbahnhof Santa Maria Novella in ca. 30 Minuten hin.

Und wer weiß schon, dass Botticellis Gemälde „Primavera" und „Geburt der Venus" – heute Hauptattraktionen der Uffizien – zu ihrer Glanzzeit im mediceischen Landsitz hingen, in der *Villa Medicea di Castello*? Die Villa war seit 1480 im Besitz der Medici. Heute ist sie Sitz der Accademia della Crusca und nur noch zu Studienzwecken zugänglich. Der Garten *(meist 8.30–16.30 Uhr, variiert je nach Jahreszeit, besser nachfragen: Tel. 055 4526 91 |*

Auf halbem Weg hoch nach Fiesole liegt die Badia Fiesolana, heute Europäische Uni

Eintritt frei | Via di Castello 47 | Haltestelle Sestese Leo France | polomusealetoscana.beniculturali.it) ist aber offen. Er ist nach den Boboli-Gärten wohl der schönste der Toskana.
In der *Villa Medicea La Petraia (Okt.–März. Di–So Eintritt nur mit Führung (max. 20 Pers.) 9.30, 10.30, 11.30, 15 und 16 Uhr, April–Sept. auch 17 Uhr, Mo und 1. und 4. So im Monat geschl. | Eintritt frei | Via della Petraia 40 | Haltestelle Sestese 03 | polomusealetoscana.beniculturali.it)* können auch die Innenräume besichtigt werden. Zuletzt war sie das Liebesnest von Italiens erstem König Vittorio Emanuele II. und seiner Geliebten – entsprechend wahrhaft königlich ist sie auch ausgestattet. 1544 erstand Cosimo I. de' Medici den Bau. Er wurde in den folgenden Jahrzehnten erweitert und erhielt u. a. den bedeckten Innenhof, der mit herrlichen Fresken ausgemalt ist. Von drei großen Terrassen aus hat man einen Bilderbuchblick auf das Tal und Florenz. *0*

60 CERTOSA SAN LORENZO DI GALLUZZO

9 km/35 Min. mit Bus 37 ab Santa Maria Novella

Das alte Kartäuserkloster (1314) im Süden von Florenz ragt euch vom Monte Santo entgegen. Schon die Lage und die Architektur sind einen kleinen Ausflug wert. Und das Beste ist: Man ist hier fast mit den Mönchen allein! Gegen eine kleine Spende führt euch einer von ihnen durch die Kreuzgänge, die unterirdischen Gänge und die Mönchszellen. Schaut euch unbedingt die Fresken Pontormos und die Bilder Andrea del Sartos in der Pinakothek an. Sie sind wunderbare Beispiele des Manierismus. *Führungen Di–Sa 10, 11, 15, 16, im Sommer auch 17 Uhr, Reservierung für Gruppen mit mehr als 6 Personen nötig | certosadifirenze.it | 0*

ESSEN & TRINKEN

Hast du schon einmal *crostini* gegessen, geröstetes Weißbrot, bestrichen mit schmackhafter Leberpastete, oder *fagioli all'uccelletto,* weiße Bohnen mit Salbei in Tomatensauce, vielleicht sogar eine *bistecca alla fiorentina,* ein etwa 4 cm hohes und 800 g schweres T-Bone-Steak vom Rind, gegrillt, gesalzen, gepfeffert und *basta*? Du solltest diese Köstlichkeiten probieren! Sie gehören zum Besten der toskanischen Küche.

Egal, was gefeiert wird, die Italiener gehen essen. Um mithalten zu können, musst du einige Besonderheiten beachten: Speiselokale

Typisch toskanisch: Crostini

(Ristorante, Trattoria, Osteria) sind in der Regel von 12.30 bis 14.30 und 19.30 bis 22.30 Uhr geöffnet. Pizza gibt es – außer als *pizza a taglio* zum Mitnehmen – auch in Pizzerien generell nur am Abend. Im Zentrum bieten allerlei Lokale ein *menù fisso* meist mit drei Gängen zum niedrigen Festpreis an. Es hat jedoch leider oft mit der viel gerühmten toskanischen Küche aus frischen Zutaten der jeweiligen Saison nicht das Geringste zu tun. Lass dir lieber in einer guten Bar oder in einem ganz normalen Lebensmittelgeschäft ein *panino* belegen, da bist du besser dran.

WO FLORENZ ISST

MARCO POLO HIGHLIGHTS

★ **VIVOLI**
Probier das nach Meinung der Florentiner beste Eis der Stadt ➤ S. 72

★ **CIBRÈO RISTORANTE**
Ein kulinarisches Reich im Marktviertel von Sant'Ambrogio ➤ S. 75

★ **LA GIOSTRA**
Einfach köstlich: vorzügliche Gerichte und ein gut sortierter Weinkeller ➤ S. 75

★ **OBICÀ MOZZARELLA BAR**
Lass dich von der Geschmacksvielfalt der Mozzarella überraschen ➤ S. 75

★ **OMERO**
Land und Leute: In diesem historischen Restaurant hast du beides ➤ S. 75

★ **ENOTECA PINCHIORRI**
Für besondere Anlässe: großartige Weine und wahre Gaumenfreuden ➤ S. 74

★ **IL SANTO BEVITORE**
Ein Mix aus Tradition und Moderne: Hier macht es Spaß zu essen ➤ S. 77

★ **FIASCHETTERIA TRATTORIA MARIO**
Typisch florentinische Gerichte in einem winzigen Lokal hinterm Markt ➤ S. 78

Gegessen wird in Italien gern und am liebsten italienisch. Zum Frühstück geht's in die *bar*. Hier herrscht morgendliche Hektik. Menschen kommen rein, stürzen einen *caffè* runter, verschlingen ein Croissant, das hier *brioche* genannt wird, und sind wieder weg – alles ganz schnell und meistens im Stehen. Im Sitzen kostet der Cappuccino normalerweise das Doppelte (zumindest im Zentrum)!
Zum *pranzo* werden oft günstige Mittagsmenus angeboten (Touri-Tempel in der Innenstadt besser meiden). *Panini* oder Pizza zum Mitnehmen bekommt ihr überall, aber Vorsicht, wo ihr euch damit hinsetzt! Die Stadt hat der Fresserei auf der Straße den Kampf angesagt! Essen auf den Treppen vorm Dom oder den Uffizien ist jetzt verboten und auch vor der Kirche Santo Spirito sind „Rumlungern, Essen und Trinken" am Wochenende untersagt.
Abends strömt ganz Florenz samt Umland ins *ristorante*. Insofern besser reservieren! Einfach hinsetzen kommt übrigens nicht gut an, ihr bekommt euren Platz zugewiesen.
Und wenn dann plötzlich der feine Geschäftsmann am Nebentisch anfängt, die Fleischreste vom Knochen zu nagen, hat er wahrscheinlich gerade ein riesiges, blutiges, aber sehr zartes T-Bone-Steak verspeist, die berühmte *bistecca alla fiorentina* – nichts für Vegetarier, für Fleischfans aber ein Hochgenuss. Wenn ihr euch mal von der fleischlastigen toskanischen Küche erholen wollt, gibt es selbst im traditionellen Florenz Alternativen. Die Restaurantkultur wird auch hier langsam internationaler, veganer, laktosefreier. Noch was zum Schluss: Beim Wein ist der *vino della casa* keine schlechte Wahl, der ist normalerweise gut und kostet nicht so viel.

CAFÉS

1 RIVOIRE

Teuer (wenn man am Tisch sitzt), aber unschlagbar. Diese Florentiner Institution serviert eine phantastische heiße Schokolade mit Sahne und direktem Blick auf die Piazza della Signoria. *Tgl. 8–22.30 Uhr | Piazza della Signoria 5 | rivoire.it | San Giovanni | b3*

2 GILLI

Beliebt seit 1733! Elegantes Kaffeehaus mit historischem Charme und wirklich hervorragendem Cappuccino. *Tgl. | Via Roma 1 | gilli.it | San Giovanni | b2*

3 SHAKE CAFÈ

Ungewöhnlich für Florenz: reichliches, international orientiertes Frühstück mit viel Auswahl für Veganer in hellen, luftigen Räumlichkeiten – sogar mit Pflanzen und Innenhof! *Mo–Sa | Via Camillo Cavour 67/69r | shakecafe.bio | San Giovanni | c1*

4 URBAN GARDEN

... ist der bekanntere Name für *Serre Torrigiani in Piazzetta*. Und er trifft es auch besser. Gerade ist man noch im Trubel der Via dei Calzaiuoli. Dann: Ein kleines Schild „Urban Garden", ein kleines Gässchen, und plötzlich ist

INSIDER-TIPP
Chillen mitten im Zentrum

Darf's richtig schön traditionell sein? Das Café Gilli ist Kult – seit fast 200 Jahren

es ruhig, und ein Café im Freien erwartet dich. Nur im Sommer. *Piazza Tre Re | tgl. | serretorrigianiinpiazzetta.it | San Giovanni | b3*

5 LE OBLATE

Früher Kloster, heute sehr schöne Stadtbibliothek. Hier kann man im ehemaligen Kreuzgang oder oben auf der überdachten Terrasse gemütlich ein Buch lesen und die Seele baumeln lassen. Im oberen Stock ist ein Café, von dem man die Domkuppel bestaunen kann – zu ganz normalen Preisen! *Di–Sa, Mo nur nachmittags | Via dell'Oriuolo 26 | bibliotecadelleoblate.comune.fi.it | Santa Croce | c2*

INSIDER-TIPP
Super Ausblick ohne Aufpreis

6 LA CITÉ – LIBRERIA CAFÉ

Kaffee, Bücher und abends manchmal Livemusik oder Events in gemütlicher Atmosphäre. Für Teetrinker: eines der wenigen Cafès, in denen der Tee günstig ist. *Tgl., Sa/So nur nachmittags | Borgo San Frediano 20r | lacitelibreria.info | Oltrarno | E5*

7 DITTA ARTIGIANALE

(Fast) wie in der Großstadt. Hinter Glasscheiben seht ihr sie sitzen, die Hipster dieser Stadt, beim Brunch inklusive Hafer- oder Sojamilch, aber natürlich gibt es auch „klassisch italienisch". Kaffee kann man hier in allen Varianten trinken, kaufen oder sogar lernen, wie man ihn röstet (Infos unter *dittaartigianale.it*). *Tgl. | Via dei Neri 21r, auch nett sind die Ableger in der*

Auch wenn die Konkurrenz groß ist: Das Eis von Vivoli bleibt legendär

Via Giosuè Carducci 2/4r (H5) oder direkt am Arno Lungarno Soderini 7r (E5) | Oltrarno | c4

EISDIELEN

8 GROM

Das Know-how der Eisherstellung kommt aus Turin, die Zutaten aus der ganzen Welt. Zentral zwischen Dom und Palazzo Vecchio gelegen. *Tgl. | Via del Campanile/Via delle Oche | grom.it* | San Giovanni | b2

9 PARCO CARABÈ

INSIDER-TIPP **Sizilien in Florenz**

Bei Antonio erhält man zweifellos die beste sizilianische *granita* der Stadt: gecrashtes Eis. Besonders zu empfehlen: Kombi aus Frucht und Mandel. *Tgl. | Via Ricasoli 60 | parcocarabe.it* | San Giovanni | c1

10 VIVOLI ★

Genau hier wurde das Speiseeis erfunden. Heute habt ihr bei über 40 Sorten die Qual der Wahl. *Di–So | Via Isola delle Stinche 7 | vivoli.it* | Santa Croce | c3

11 LA SORBETTIERA

Zitrone-Salbei, Salted Caramel oder klassisch. Hier gibt es phantastische Eiskreationen (auch in glutenfreier Waffel) ganz ohne nervige Schlange. *Tgl. ab mittags | Piazza Torquato Tasso 11 | lasorbettiera.com* | Oltrarno | D6

ENOTHEKEN, BARS & SNACKS

12 ARÀ

Perfekt für einen authentischen sizilianischen Snack zwischendurch! *Tgl. | Via degli Alfani 127r* | Santa Giovanni | c1

13 DORSODURO3821

Ein winziges Stück Venedig in Florenz. Andrea hat die typisch venezianischen *cicchetti* (Häppchen) hier eingeführt. Dazu trinkt man am besten einen guten Spritz. *Mo–Sa nur abends | Via San Gallo 41r | Tel. 05 55 27 40 54* | San Giovanni | G3

Unsere Empfehlung heute

Vorspeisen

CROSTINI TOSCANI/BRUSCHETTE
geröstetes Brot mit Hühnerleberpastete/ Tomaten

COCCOLI CON PROSCIUTTO E STRACCHINO
unwiderstehlicher Mix aus frittierter *pasta* mit cremigem Käse und Schinken

PANZANELLA
leichter Sommersalat mit toskanischem Weißbrot und Tomaten

Primi – erster Gang

RIBOLLITA
dicker Gemüseeintopf mit weißen Bohnen und Brot

PAPPA AL POMODORO
lauwarm servierte Tomatenbrotsuppe

TAGLIATELLE ALLA LEPRE/ AL CINGHIALE
Bandnudeln mit Hasenragout / Wildschweinragout

TRIPPA ALLA FIORENTINA
nur für Innereienliebhaber: Kalbskutteln mit Tomatensauce

Secondi – zweiter Gang

BISTECCA FIORENTINA
DIE Spezialität: saftiges, 3,5 cm dickes T-Bone-Steak

TAGLIATA DI MANZO
die *bistecca* in klein und in Stücken

BACCALÀ ALLA FIORENTINA
Stockfisch in Tomatensauce mit Basilikum

Desserts

BISCOTTI DI PRATO (CANTUCCI)
Mandelkekse, die man in Vin Santo, einen süßen Dessertwein, taucht

TORTA DELLA NONNA
„Omas Torte" aus Mürbeteig und Puddingcreme

Getränke

VINO DELLA CASA
Hauswein

NEGRONI
der Florentiner Cocktail, der reinhaut! Gin, Roter Wermut und Campari

14 'INO
Mehr als einfach nur ein belegtes Brötchen! Gut versteckt in einer winzigen Gasse hinter der Piazza della Signoria werden echte Delikatessen für Gourmets kreiert. *Tgl. nur mittags | Via dei Georgofili 3r–7r | inofirenze.com | San Giovanni | b3–4*

15 PROCACCI
Schon Vittorio Emanuele II. hat hier seine Trüffeldelikatessen bestellt, und auch heute werden feinste Trüffelbrötchen in leicht antiquiertem Ambiente serviert. *Mo–Sa | Via Tornabuoni 64r | procacci1885.it | San Giovanni | b2*

16 AMBLÉ
Smoothies, Snacks, Vintagestyle und eine der wenigen ruhigen Ecken mitten im *centro*, ideal für eine kleine Pause. Wenn ihr den Stuhl, auf dem ihr sitzt, gleich mitnehmen wollt, geht das auch. Alles, was das Auge sieht, steht zum Verkauf! *Tgl., Mo nur abends | Piazzetta dei Del Bene 7a | amble.it | San Giovanni | b3*

17 LA PROSCIUTTERIA (CRUDI E BOLLICINE)
Der Rehbock trägt hier Perücke und Perlen und hängt an einer gemusterten Tapete. Überhaupt ist dieser Laden voll mit Krimskrams, aber schön ist's. Passend zur Deko könnt ihr einen opulenten Vorspeisenteller bestellen oder einfach nur beim schlichten Sandwich bleiben. *Tgl. | Borgo San Frediano 15r | laprosciutteria.com | Oltrarno | E5*

RESTAURANTS €€€

18 ENOTECA PINCHIORRI ★
Fünf Drei-Sterne-Köchinnen gibt es weltweit, und eine davon kocht hier!

Bei Il Guscio genießt man typische *cucina fiorentina* in authentischem Ambiente

Wenn es was zu feiern gibt, ist das der Moment, um in einem der besten Restaurants Europas zu dinieren. Nicht ganz günstig, aber ein Genuss. Für Wein ist auch gesorgt: Im Keller liegen 150 000 Flaschen. *Di–Sa nur abends | Via Ghibellina 87 | Tel. 0 55 24 27 77 | enotecapinchiorri.com |* *Santa Croce | d3*

19 LA GIOSTRA ★

Hier kocht und serviert der Erzherzog höchstpersönlich. Er kocht übrigens sehr gut, und auch die Weinkarte ist ausgezeichnet. *Mo–Fr mittags und tgl. abends | Borgo Pinti 10r | Tel. 0 55 24 13 41 | ristorantelagiostra.com |* *San Giovanni | d2*

20 FISHING LAB ALLE MURATE

Fisch – gekocht, roh, gepökelt, mit Kopf und Flossen oder als Sashimi. Man hat das Gefühl, am Meer zu sein. Die Wandmalerei ist museumswürdig, denn sie zeigt die einzige authentische Darstellung Dantes. *Mi–Fo | Via del Proconsolo 16r | Tel. 0 55 24 06 18 | fishing lab.it/firenze | San Giovanni | c3*

INSIDER-TIPP
Zu Tisch mit Dante

21 CIBRÈO RISTORANTE ★

2022 starb Fabio Picchi, eine der schillerndsten Figuren der Stadt. Dieser Mann konnte nicht nur kochen, er schrieb Bücher, hat eine Kochakademie gegründet und nebenbei noch ein kulinarisches Imperium aufgebaut, das er jetzt hinterlässt. Im Cibrèo Ristorante gibt es allerdings auch weiterhin toskanische Küche auf höchstem Niveau, ganz ohne Nudeln, mit täglich wechselnden Gerichten. Dazu gehört gleich nebenan auch das günstigere *Cibreino (Cibrèo Trattoria)* (s. unten), das *Cibrèo Caffe* und jetzt auch das *Cibléo,* wo er toskanische Küche mit orientalischer vereint. Nur mit Reservierung. *Di–So | Via Andrea del Verrochio 8r | Tel. 05 52 34 11 00 | cibreo.com | Santa Croce | H5*

22 OMERO ★ ☂

Schinken und Salami hängen in der *bottega* schon von der Decke. Hier kann man sich einfach im „Zimmer mit Aussicht“ ein Brot machen lassen oder gut toskanisch essen. Ein schöner Raum mit grandiosem Blick. Gleich nebenan wohnte übrigens Galileo Galilei. *Tgl. | Via Pian dei Giullari 11r | Tel. 0 55 22 00 53 | ristoranteomero.it | Oltrarno | F8*

RESTAURANTS €€

23 CIBREINO

Der kleine Bruder des *Cibrèo*. Die Gerichte sind etwas einfacher, serviert wird an Holztischen. *Di–Sa | Via dei Macci 122r | edizioniteatrodelsale cibreofirenze.it | Santa Croce | H5*

24 IL GUSCIO

Trattoria mit guter Küche und einer großen Weinkarte jenseits der üblichen Touristenmeilen. *Mo–Sa (Sa nur abends) | Via dell'Orto 49a | Tel. 0 55 22 44 21 | ristorante-ilguscio.it | Oltrarno | D5*

25 OBICÀ MOZZARELLA BAR ★

Die beste Mozzarella der Stadt im vornehmen Palazzo Tornabuoni. Wer die süditalienische Käsekultur besser kennenlernen möchte, kann auch an einer Degustation teilnehmen. *Tgl. 1 | Via dei Tornabuoni 16 | Tel. 05 52 77 35 26 | obica.com | San Giovanni | a2*

26 QUINOA

Superfood im Innenhof! Oder drinnen. Hinter Glas erwarten euch Kellner in Schwarz, Flamingos aus Porzellan, viel Urban Chic und eine wirklich kreative Speisekarte. Italienisch mit exotischen Elementen, vegan oder mit Fleisch, alles 100 Prozent glutenfrei und bio. Perfekt auch für Leute mit Unverträglichkeiten. Unbedingt reservieren! *Mo–Sa mittags, Do–Sa auch abends | Vicolo di Santa Maria Maggiore 1 | Tel. 0 55 29 08 76 | risto rantequinoa.it | San Giovanni | b2*

INSIDER-TIPP
Schlemmen trotz Intoleranz

27 SOSTANZA DETTO „IL TROIA"

In der ältesten Trattoria von Florenz hat schon Chagall gespeist. Küche und Einrichtung haben sich seit 1869 kaum verändert. Nach wie vor wird einfache, gute toskanische Küche angeboten. *Mo–Fr | Via del Porcellana 25r | Tel. 0 55 21 26 91 | Santa Maria Novella | a2*

28 LUNGARNO 23

Alles vom Chianina-Rind: Carpaccio, Roastbeef, Tartar und exquisite Hamburger. Schönes Ambiente und Terrasse. *Mi–Mo abends, Sa/So auch mittags | Lungarno Torrigiani 23 | Tel. 05 52 34 59 57 | lungarno23.it | Oltrarno | c4*

29 TAMERO

Wer reinkommt, kann gleich mal schauen, ob der Koch alles richtig macht. Gekocht wird hinter Glas mit frischen Zutaten und modernem Konzept. Zwischen 16 und 19 Uhr gibt's das neue *aperitivo*-Menü: Für Essen und Getränk bezahlt man dann nur 13 Euro! Und genießt dies am besten draußen auf der wunderschönen Piazza Santo Spirito. *Tgl. | Piazza Santo Spirito 11r | Tel. 0 55 28 25 96 | Oltrarno | a4*

30 TRATTORIA LA CASALINGA

Immer voll, immer gut, mitten im Leben und mitten in der Stadt. Typische Trattoria mit klassischen toskanischen Gerichten. *Mo–Sa | Via dei Michelozzi 9r | Tel. 0 55 21 86 24 | trattorialacasa linga.it | Oltrarno | a4*

31 4 LEONI

Typische Trattoria, wo die hausgemachte Pasta und die *bistecca alla fiorentina* besonders gut sind. *Tgl. | Via dei Vellutini 1r | Tel. 0 55 21 85 62 | 4leoni.com | Oltrarno | a4*

32 L'OV

Grün wächst einem hier schon von den Wänden entgegen, und Kühe stehen nur zur Deko auf dem Tisch. Auf der Karte ist alles bio/vegetarisch/vegan. Traditionelle (italienische) Rezepte mal ganz neu interpretiert! Die OV ist nicht nur was für Vegetarier, sondern für alle, die mal einen fleischfreien Tag einlegen wollen. *Di–Fr abends, Sa/So auch mittags | Piazza del Carmine 4r | Tel. 05 52 05 23 88 | osteriave getariana.it | Oltrarno | E5*

Schönes Ambiente und gute regionale Küche: Sostanza detto „Il Troia"

33 OLIVIA

Jetzt wird's ölig. Reines toskanisches Olivenöl ist angesagt: zu jeder hier offerierten Speise, im Streetfood zum Mitnehmen und sogar als Hautpflegemittel. *Di–So mittags, Do–Sa auch abends | Piazza Pitti 14r | Tel. 05 52 67 03 59 | Oltarno | a4*

34 TRATTORIA DELL'ORTO

Helle Farben, netter Service, toskanische Küche. Im Sommer auch draußen. *Mi–Mo | Via dell'Orto 35a | Tel. 0 55 22 41 48 | trattoriadellorto.com | Oltrarno | D5*

35 IL SANTO BEVITORE ★

Köstlich sind die Vorspeisen wie verschiedene Schinkensorten und eingelegtes oder gegrilltes Gemüse. Spezialitätentipp für danach: *tartara* aus Chianina-Rind oder ein guter Fisch. Ausgezeichnetes Preis-Leistungs-Verhältnis. *Tgl. | Via Santo Spirito 64/66r | Tel. 0 55 21 12 64 | ilsantobevitore.com | Oltrarno | a3*

36 PIAZZA DEL VINO

In einer Fabrik, wo früher Silberputzmittel hergestellt wurde, liegt das Silber jetzt neben Gerichten aus allen Regionen Italiens. Cool und schnörkellos. Etwas außerhalb, aber der Weg dorthin lohnt sich! *Tgl. | Via della Torretta 18r | Tel. 33 94 18 45 45 | piazzadelvino.com | Campo di Marte | K5*

RESTAURANTS €

37 IL VEGANO

Vegan „all'italiana" – eine leckere Kombination! Vegane Burger kann man allerdings auch verspeisen, und das zu normalen Preisen. *Mo–Sa | Via San Gallo 92r | Tel. 0 55 48 62 22 | il veganofirenze.it* | *San Giovanni* | *b G3*

38 FIASCHETTERIA TRATTORIA MARIO ★

„Giovanni, due! Elisa, tre!" Jeden Tag steht hier eine Schlange, und alle warten, bis ihr Name aufgerufen wird. Das Warten lohnt. Seit 60 Jahren serviert dieser Familienbetrieb, den Nonno Romeo 1953 gründete, eine der besten *bistecche alla fiorentina. Mo–Sa mittags, Do/Fr auch abends | Via Rosina 2r | Tel. 0 55 21 85 50 | trattoriamario.com* | *San Giovanni* | *b1*

39 MOSTODOLCE

In der Pizzeria und Brauerei Mostodolce gibt es nicht nur gutes Bier und leckere Pizzen (Tipp: *pizze speciali*), sondern auch legendäres *birramisú* (Tiramisú getränkt mit Bier statt Amaretto). *Di–So abends | Via Nazionale 114r | Tel. 05 52 30 29 28* | *San Giovanni* | *b1*

INSIDER-TIPP
Bier im Tiramisú

40 MERCATO CENTRALE

Die Standbesitzer der Foodmeile im Obergeschoss der alten Markthalle rühmen sich, dass sie nur regionale Produkte der jeweiligen Saison verkaufen und für ihre Gerichte verwenden. Das verspricht wahren Genuss. Lecker, locker und ein idealer Ort, um mit Freunden zu essen. Auch mal am Nachmittag, wenn der Hunger kommt und andere Restaurants zu sind. Jetzt neu „Drink + Bontà" für 10 Euro: *Aperitivo Centrale* von 17.30 bis 20.30 Uhr. *Tgl. | Piazza del Mercato Centrale | Via dell'Ariento 10–14 | mercatocentrale.it* | *San Giovanni* | *b1*

41 I FRATELLINI

Sehr gute *panini* und über 140 Jahre Erfahrung mit den Brötchen, aber etwas versteckt (gegenüber dem Museo di Orsanmichele) und daher nicht so voll. *Tgl. | Via dei Cimatori 38r | iduefratellini.it* | *San Giovanni* | *b3*

42 L'ANTICO TRIPPAIO

Für mutige Esser! Innereien sind eine absolute Spezialität in Florenz. Sehr gute *trippa* (Magen) und *lampredotto* (zarterer Magen) bekommt ihr sehr günstig. *Tgl. | Piazza dei Cimatori | lanticotrippaio.com* | *San Giovanni* | *c3*

43 GOZZI SERGIO

In der sympathischen, authentischen Kneipe direkt an der Piazza San Lorenzo gibt es seit Jahrzehnten dieselben einfachen Gerichte. Man sitzt zusammengewürfelt mit anderen am Tisch, und das Essen ist superlecker. *Mo–Sa nur mittags | Piazza San Lorenzo 8 | Tel. 0 55 28 19 41* | *San Giovanni* | *b1*

44 ANTICO VINAIO

Schnell, günstig, nett und superlecker: Lasst euch euer *panino* oder – besser! – eure *schiacciata* individuell belegen. *Tgl. | Via Dei Neri 65r | allanticovinaio.com* | *Santa Croce* | *c3–4*

45 IL CONTADINO

An der Tür pinke Neonschrift, dahinter ein schwarz-weiß gekachelter Boden und viel Holz. Sehr einfach, sehr geschmackvoll – und günstig! Das Mittagsmenü kostet 9–12 Euro, abends bezahlt man 12–16,50 Euro, Wasser und ein Viertelliter Wein inbegriffen. *Mo–Sa | Via Palazzuolo 69/71r | Tel. 05 52 38 26 73 | Santa Maria Novella | E4*

46 OSTERIA SAN NICCOLÒ

Sympathische Osteria abseits der Touristenpfade: bis 24 Uhr gute Florentiner Küche zu zivilen Preisen. *Tgl. | Via San Niccolò 60r | Tel. 05 52 34 28 36 | osteriasanniccolo.it | Oltrarno | G6*

47 SABATINO

INSIDER-TIPP
Mal so gar nicht stylish

Günstig, urig, urflorentinisch. Seit 1956. Hier sitzt man mit anderen zusammen an langen Tischen mit Plastiktischdecke. Serviert wird einfache Hausmannskost wie bei Oma. Die arbeitet übrigens auch mit – so wie die ganze Familie. *Mo–Fr | Via Pisana 2r | Tel. 055 22 59 55 | trattoriasabatino.it | Oltarno | D5*

48 TRATTORIA SANT'AGOSTINO

Beliebte Oltrarno-Trattoria. Sehr gute toskanische Küche und nicht übertrieben teuer. *Tgl. | Via Sant'Agostino 23r | Tel. 0 55 28 19 95 | santagostinofirenze.com | Oltrarno | E6*

PIZZERIEN

49 'O MUNACIELLO

In einer tristen Straße hinter einer kahlen Wand verbirgt sich eine der besten Pizzerien der Stadt. Drinnen wartet ein wilder Stilmix und dazu ausgezeichnete neapolitanische Pizza. *Di–Sa | Via Mafia 31r | Tel. 0 55 28 71 98 | munaciello.com | Oltrarno | E6*

50 BERBERÈ

Pizza mal anders. Vollkorn, Dinkel, Einkorn. Aus biologische Zutaten und hausgemachtem italienischem Sauerteig *(lievito madre)*. Gleich zweimal in Florenz. *Tgl. | Piazza de' Nerli 1 (D5) | Oltrarno und Via dei Benci 7 (c4) | Santa Croce | berberepizza.it*

I Fratellini: nur ein kleines Ladenlokal, aber großartige *panini* und gute Weine

SHOPPEN & STÖBERN

Von Luxusgeschäften bis zu rustikalen Märkten – Florenz bietet für jeden Geldbeutel und Geschmack etwas Einzigartiges.
Shopping 24/7! Nicht ganz, aber täglich 10–19.30 Uhr könnt ihr im Stadtzentrum euer ganzes Vermögen vershoppen. Gucci, Celine, Prada – alles zu finden zwischen Via della Vigna Vecchia, Via Tornabuoni und Via Strozzi. Aber man kann sich da auch nur inspirieren lassen und dann doch bei Zara einkaufen oder die ersehnte Gucci-Tasche in einem der vielen wirklich gut sortierten Vintage-Läden holen. Die Zeiten für Schnäppchen sind Januar/Februar und

Gold, Silber Platin ... Wo? Auf dem Ponte Vecchio!

Juli/August, da ist Ausverkauf *(saldi).* Nur Vorsicht beim Anprobieren: Passt du plötzlich nicht mehr in Größe 38? Keine Panik. In Italien muss man immer zwei Nummern dazurechnen! Wer Schmuck liebt, geht durchs Gedränge Richtung Ponte Vecchio, Antiquitätenfans auf die andere Arno-Seite. In Oltrarno sitzen überall Antiquitätenhändler, und dazwischen sind nette kleine Läden, wo Rumstöbern Spaß macht. Die Florentiner selbst kaufen gern außerhalb des Zentrums, doch hier sind die Läden meist nur Mo–Sa 9–13 und 15.30–19.30 Uhr geöffnet – Mitte August sogar oft ganz geschlossen.

WO FLORENZ SHOPPT

MARCO POLO HIGHLIGHTS

★ **LE PIETRE NELL'ARTE**
Intarsien wie aus dem 16. Jh. ➤ S. 86

★ **SBIGOLI TERRECOTTE**
Alles aus Keramik ➤ S. 86

★ **IL BISONTE**
Großes und Kleines aus feinstem Leder ➤ S. 87

★ **MERCATO CENTRALE**
Das Eldorado für kulinarische Genießer ➤ S. 78, 88

★ **MERCATO SAN LORENZO**
Kleidung und mehr ➤ S. 88

★ **ANTICO SETIFICIO FIORENTINO**
Handgewebte Seide nach historischen Mustern ➤ S. 90

★ **LORETTA CAPONI**
Noble Wäsche – auch für die Kleinen ➤ S. 90

Fortezza da Basso
Viale Spartaco Lavagnini
Via Venezia
Via Santa Reparata
Via Pier Antonio Micheli
Via della Fortezza
Via Valfonda
Via Ventisette Aprile
SAN LORENZO
Typisch Italienisches zu Schnäppchenpreisen
Giardino dei Semplici
Via Nazionale
Via Guelfa
Via Camillo Cavour
Firenze S. M. Novella
Mercato Centrale
Mercato San Lorenzo
Stazione Nazionale
Via degli Alfani
Piazza della Stazione
Piazza Di S an Lorenzo
Cappelle Medicee
Le Pietre nell'Arte
Via dei Pucci
Via dei Servi
SAN GIOVANNI
Piazza Santa Maria Novella
Cerretani
Via dei Banchi
Piazza del Duomo
Piazza Santa Maria Novella
Loretta Caponi
Vecchietti
Proconsolo
Via del Proconsolo
Sbigoli Terrecotte
Via dei Fossi
Via degli Strozzi
Piazza della Repubblica
VIA ROMA/ VIA CALZAIUOLI
Il Bisonte
Clarks
Orsanmichele
Condotta
Die Hauptshoppingstraßen von Florenz
Piazza della Signoria
Lungarno degli Acciaioli
Coverelli
Via dei Benci
VIA TORNABUONI
Für den dicken Geldbeutel – von Armani bis Zegna
Via Maggio
Lungarno delle Grazie
Lungarno Torrigiani
OLTRARNO
Lungarno Serristori
Giardino di Boboli
Giardino Bardini
200 m
218 yd

DELIKATESSEN

1 VENCHI

Ein Fest für Augen und Gaumen: feinste Qualitätsschokolade seit 1878 in Form von Pralinen, Tafeln, bestem Eis etc. *venchi.com* | *Via Calimaruzza 18* | San Giovanni | 🕮 b3, *auch Via Calzaiuoli 65* | San Giovanni | 🕮 b2 *und Piazza della Stazione 18* | Santa Maria Novella | 🕮 a1

2 PEGNA

Seit 1860 existiert das Delikatessengeschäft nahe dem Dom. Mittlerweile ist es ein Supermarkt für Spezialitäten. *Via dello Studio 8* | *pegna.it* | San Giovanni | 🕮 c2

3 MUSEO BOTTEGA ANTONIO MATTEI

Die berühmten *cantuccini*, die man in Vin Santo tunken kann, kommen ursprünglich aus Prato nahe Florenz. Seit 2018 eröffnete der Familienbetrieb auch in Florenz ein winziges Museum über den Familienbetrieb mit Verkaufsladen. Hier gibt es neben anderen Leckereien die wahren *cantuccini*. Perfektes Mitbringsel. *Via Porta Rossa 76r* | *antoniomattei.it* | San Giovanni | 🕮 b3

INSIDER-TIPP
Kekse aus Prato – das Original!

WOHIN ZUERST?

Piazza della Repubblica (🕮 F5): Die Schnittstelle für Shopper: Wenn ihr sehen wollt, was die Haute Couture zu bieten hat, flaniert einfach durch das Luxus-Shoppingdreieck Via della Vigna Vecchia/Via Tornabuoni/Via Strozzi. Von Armani, Bulgari, Cavalli bis Zegna: Hier wird das Abc der Mode durchbuchstabiert. Und wer sich in die kleinen Nebengassen verirrt, kann leicht auch ein Schnäppchen machen. Elektrobus C1 und C2, Bus 6 und 11, Tramvia T1; Parkmöglichkeit: Stazione Santa Maria Novella.

4 EATALY

Aus jeder Region des Stiefels die besten Gaumenfreuden, Bücher zum Thema und sogar Kochkurse. *Via Martelli 22r* | *firenze.eataly.it* | San Giovanni | 🕮 b2

5 C-BIO

Feinstes Olivenöl, frisch gebackenes Brot, Kekse, seltene Kräuter oder Küchenutensilien. Ein kleines hochwertiges Stöberparadies und der perfekte Ort für Mitbringsel! Alles 100% bio, nachhaltig, regional. *Via della Mattonaia 3/a* | *cbio.it* | Santa Croce | 🕮 H5

6 WEIN

Folgende Geschäfte haben eine große Auswahl an guten toskanischen Weinen: *Enoteca Alessi (Via delle Oche 27r* | *enotecaalessi.com* | San Giovanni | 🕮 b2*), Enoteca Bonatti (Via Gioberti 68r* | *enotecabonatti.it* | Campo di Marte | 🕮 J5*), Enoteca Bruni (Borgo Ognissanti 25r* | *enotecafiorentina.it* | Santa Maria Novella | 🕮 a3*).*

7 ORONERO

Sicher, Italien ist das Land des Kaffees, aber im kleinen Teelädchen Oronero an der Ecke gegenüber von Palazzo

In der Officina Profumo-Farmaceutica gab es nie was anderes als Naturkosmetik

Pitti findet man nicht nur die besten Teesorten. Die beiden Schwestern Elisa und Lucia beraten euch auch gern, um euren persönlichen Geschmack zu treffen. Mitbringsel kaufen oder einfach mit dem Teebecher auf der Piazza de´Pitti sitzen. Außerdem leckerste Kekse und Schokolade! *Piazza dei Pitti 1r | oronerofirenze.it | Oltrarno | ◫ E6*

FLORENTINISCHES & KURIOSES

8 ALBERTO COZZI

Seit 1908 wird Handwerk in diesem bunten Laden großgeschrieben. Hier gibt's feinste, in Leder gebundene Alben und Notizbücher (gern mit den gewünschten Initialen), das typische Florentiner Papier sowie viele besondere Schreibwaren. Wenn immer Riccardo Zeit dafür findet, marmoriert er das Papier selbst – ein wahres Erlebnis, ihm dabei zuzusehen. *Via del Parione 35r | riccardoluci.com | Santa Maria Novella | ◫ a3*

9 OFFICINA PROFUMO-FARMACEUTICA DI SANTA MARIA NOVELLA

Schon beim Eintreten Kräuterdüfte der Toskana. 1221 wurde die ehemalige Klosterapotheke von Dominikanern gegründet; heute erhält man in den ehrwürdigen Räumen Parfums wie das seit Jahrhunderten hier destillierte *acqua di rose*, Seifen und Potpourris – alles aus natürlichen Kräutern und Lipiden.

INSIDER-TIPP
Betörende Düfte

Mit kleinem Museum. *Via della Scala 16 | smnovella.com | Santa Maria Novella | a2*

10 LE PIETRE NELL'ARTE ★

Erst wenn man den *artigiani* eine Weile über die Schulter schaut, während sie mit unendlicher Geduld zeigen, wie sie Halbedelsteine in Intarsientechnik zu ganzen Bildern fügen, wird einem der Wert dieser wenig bekannten Kunst klar, die seit dem 16. Jh. von Vater zu Sohn überliefert wird. So entstehen wahre Kunstwerke – seien es Broschen, Schmuckdosen oder große Tischplatten. *Via Ricasoli 59r | scarpellimosaici.it | San Giovanni | c1*

11 SBIGOLI TERRECOTTE ★

Vom bemalten Eierbecher über den hübsch glasierten Wasserkrug bis hin zu den großen, handgearbeiteten Terrakottavasen aus Impruneta ist hier alles erhältlich. *Via Sant'Egidio 4r | sbigoliterrecotte.it | San Giovanni | d2*

12 LORENZO VILLANI

Er wird auch „die Nase" genannt. In der antiken Villa des Pioniers der italienischen Parfümerie Lorenzo Villani findet ihr seine Boutique. Angeschlossen ist das *Museum der Düfte (Mo–Sa 10–19 Uhr). Via de'Bardi 12 | lorenzovilloresi.it | Oltrarno | b4*

MARMOR & KUNST

13 RAFFAELLO ROMANELLI

Michelangelos David für den eigenen Garten? Für schlappe 140 000 Euro dürft ihr ihn einpacken. Aber auch Erschwinglicheres (ab 4 Euro) in Marmor und Stein ist hier zu haben. *Borgo San Frediano 70 | raffaelloromanelli.com | Oltrarno | D5*

14 CLET STUDIO

Man geht durch die Stadt und plötzlich fallen sie einem auf: die vielen Straßenschilder, die zumeist vom französischen Straßenkünstler Clet Abraham abgewandelt wurden. Was zunächst von der Polizei geahndet wurde, ist heute zu einem alternativen Wahrzeichen der Stadt geworden. Erfolg hat Clet auch längst bei Touristen. In seinem Atelier in San Niccoló kann man Aufkleber, T-Shirts und vieles mehr mit seinen Kunstwerken kaufen. *Via dell'Olmo 8 | Oltrarno | G6*

INSIDER-TIPP
Straßenschilder als Souvenir

15 IL TAMARINO

Originalradierungen in limitierter Auflage, Francesco kreiert auch auf Bestellung nach eurem Lieblingsmotiv. *Via del Moro 46r | iltamarino.com | Santa Maria Novella | a2*

16 TORNABUONI ARTE

Im neuen Sitz der renommierten Kunstgalerie werden regelmäßig Ausstellungen überwiegend italienischer Künstler des 20. Jhs. organisiert. Der perfekte Ort für Sammler und Liebhaber moderner und zeitgenössischer Kunst. *Lungarno Benvenuto Cellini 3 | tornabuoniarte.it | Oltrarno | H6*

17 ZECCHI

Alles für Künstler und Restauratoren. Ein Laden, in dem du genau die Materialien findest, die bereits die Renaissancekünstler verwendet haben. *Via dello Studio 19r | zecchi.it | San Giovanni | c2*

MUSIK

18 TWISTED JAZZ SHOP

An diesem kleinen Musikladen bleibt man schon im Vorbeigehen hängen. Eine schön gestaltete Vitrine mit Platten, CDs und dem Hund des Besitzers, der da sein festes Plätzchen hat. Der freundliche Besitzer Stefano ist ein echter Jazz- und Musikfan, das zeigt sich auch in seiner Musikauswahl: Jazz, aber auch Blues, Classic Rock und ein paar ausgesuchte aktuelle Bands. *Borgo San Frediano 21r | Facebook: Twisted Jazz Shop | Oltrarno | E5*

LEDERWAREN

19 SCUOLA DEL CUOIO

Weltberühmte Lederschule, in der es Lederwaren vom Feinsten gibt: Taschen, Schmuckschatullen oder Portemonnaies, die ihr gleich mit euren Initialen oder Namen in Goldprägung versehen lassen könnt. *Via San Giuseppe 5r | leatherschool.biz | Santa Croce | d3–4*

20 IL BISONTE ★

Zu viel geshoppt? Braucht ihr vielleicht einen neuen Koffer für die Heimreise oder eine Handtasche – oder tut's auch ein schönes Portemonnaie? Hier bekommt ihr elegante Lederwaren aus überwiegend naturgegerbtem Rind- und Büffelleder. *Via del Parione 31r | ilbisonte.com | Santa Maria Novella | a3*

21 MARTELLI

Handgefertigte Handschuhe in verschiedensten Modellen und Farben. *Via Por Santa Maria 18r | martelli gloves.com | San Giovanni | b3*

22 PELLETTERIA ARTIGIANA VIVIANI

Seit drei Generationen fertigt die Familie Viviani Lederwaren an. Jedes Stück ist handgemacht. Du kannst hier Viviana und ihrem Sohn Leonardo in der Werkstatt bei der Arbeit zusehen. *Via Guelfa 3a | pelletteriaartigiana.com | San Giovanni | c1*

Feinstes Leder, innovatives Design: Scuola del Cuoio

Frische ist im Mercato Centrale oberstes Gebot, ob bei Blumen oder in der Foodmeile

MÄRKTE

23 MERCATO DEL PORCELLINO

Lederwaren, Krawatten, Tücher und Souvenirs in der *Loggia del Mercato Nuovo* direkt beim bronzenen *porcellino,* dessen Schnauze vom vielen Streicheln schon blank ist. Der Legende nach kehrt man nach Florenz zurück, wenn man eine Münze auf seine Zunge legt und diese dann direkt in den Brunnen fällt. *Di–Sa 9–18.30 Uhr | Via Por Santa Maria | San Giovanni | b3*

24 MERCATO CENTRALE ★

Wer es liebt, durch Lebensmittelmärkte zu schlendern, ist hier absolut richtig. Die 1784 errichtete Markthalle ist ein Eldorado für kulinarische Genießer. Im ersten Stock, direkt über der Halle, lockt eine riesige Restaurantabteilung, wo man beim Kochen zuschauen und sich mit Gerichten von verschiedenen Ständen sein eigenes Menü zusammenstellen kann. Und wenn man mal außerhalb der üblichen Restaurantzeiten hungrig ist? Kein Problem. Hier bekommt man immer etwas. Auch Kochworkshops und andere Events stehen neuerdings auf dem Programm *(mercatocentrale.it). Tgl. 9–24 Uhr | Via dell'Ariento 10–14 | Piazza del Mercato Centrale | San Giovanni | b1*

> INSIDER-TIPP
> **Snacken & schlemmen zu jeder Zeit**

25 MERCATO SAN LORENZO ★

Lederwaren, Tücher, Keramik, Fußball-T-Shirts und mehr gibt's auf dem großen und recht touristischen Markt entlang der Kirche San Lorenzo und der anschließenden Via dell'Ariento. Perfekt, um nach Mitbringseln zu suchen. *Di–Sa 8–19 Uhr | Piazza San Lorenzo | San Giovanni | b1*

26 CASCINE

Der Wurststand gleich neben den Billigklamotten, daneben die Kruschtelecke, Öl hinter der Unterwäsche … das ist der Wochenmarkt im *Parco delle Cascine*. Nicht wirklich schön, aber ein Stück authentischer italienischer Alltag. *Jeden Dienstagvormittag | von der Porta al Prato bis Novoli | Rifredi | A–C 3–4*

27 MERCATO SANTO SPIRITO

Oft ist Markt auf der Piazza Santo Spirito, aber für Spürnasen und Schnäppchensucher ist der Flohmarkt besonders reizvoll, der hier jeden zweiten Sonntag des Monats *(9.30–17 Uhr)* abgehalten wird. *Piazza Santo Spirito | Oltrarno | a4*

28 MERCATO DI SANT'AMBROGIO

Wollt ihr Florenz' authentischsten Markt erkunden? Kaum ein Tourist ist zu sehen, die Kunden kennen die Händler beim Namen, man tauscht Rezepte aus und kommt am nächsten Tag wieder. *Mo–Sa 7–14 Uhr | Piazza Ghiberti | Santa Croce | H5*

MODE

29 MELROSE VINTAGE

Der Boden knarzt, die Vintage-Luft kann man im wahrsten Sinn des Wortes riechen, aber der Laden ist cool, die Auswahl auch. Die Filiale hinterm Bahnhof *(nur nachmittags | Largo Fratelli Alinari 8 | Santa Maria Novella | a1)* ist etwas miefig, aber für echte Stöberer auf jeden Fall interessant. *Via dei Ginori 18r | melrosevintage.business.site | San Giovanni | b1*

30 EMILIO PUCCI

Florenz ist Sitz des Stammhauses der Modedynastie Pucci. Die exzentrischen, knallbunten Stoffe des Florentiner Designers sind unverwechselbar. Reinschauen kostet nichts! *Via Tornabuoni 20/22r | emiliopucci.com | San Giovanni | a–b3*

31 ERMENEGILDO ZEGNA

Der Herrenausstatter mit Anzügen und Accessoires für den modebewussten Mann mit etwas Geld in der Tasche. *Via dei Tornabuoni 3 | zegna.it | San Giovanni | a3*

32 LUISA VIA ROMA

Der Modetempel: exklusive Boutique auf zwei Etagen mit den neuesten Modellen – nicht nur italienischer Designer. *Via Roma 19–21r | luisaviaroma.com | San Giovanni | b2*

33 EPOCA VINTAGE

INSIDER-TIPP **Gucci & Co. erschwinglich**

Das ist nicht irgendein Secondhand-Ramschladen, hier findet ihr ausgesuchte Vintage-Schätze zu fairen Preisen. Von der Designertasche bis zur No-Name-Jeansjacke. Service ist allerdings Glückssache. *Via dei Fossi 6r | epocavintage.it | Santa Maria Novella | a3*

34 SOCIETÉ ANONYME

Ein Ausstellungsraum für Mode. Hell, modern, stylish. Man kann die Liebe zu Kunst, Mode und Design spüren.

Besitzer und Modedesigner Massimiliano Giannelli ist Florentiner, aber neben seinem eigenen Label findet man hier auch einige gut sortierte internationale Marken. *Via Giovan Battista Niccolini 3f | societeanonyme.it |* *Santa Croce | 🕮 H5*

35 BJORK

Zurück aus London hat Filippo frischen Wind nach Florenz gebracht, mit klaren Linien und zeitgenössischer Mode. Kleiner Laden mit einer guten Mischung aus internationalen und lokalen Labels und einer ungwöhnlichen Auswahl an Design-/Mode-/Fotografiezeitschriften. *Via dello Sprone 25r | bjork-florence.com | Oltrarno | 🕮 a4*

36 THE MALL

Der schwarze Bus fährt euch direkt zu den großen Labels, zu Gucci, Dolce & Gabbana, Fendi, Valentino & Co. Für 13 Euro kommt man mehrmals täglich (Zeiten unter *themall.busitaliashop.it*) vom Busbahnhof Santa Maria Novella *(Via Santa Caterina da Siena 17)* zu diesem High-Fashion-Outlet. *Tgl. | Via Europa 8 | Leccio/Reggello | themall.it | außerhalb | 🕮 0*

37 BARBERINO DESIGNER OUTLET

Ein richtiges Modedorf mit über 90 internationalen Marken. Mehrmals täglich *(9.30, 11.30 und 14 Uhr | flo rentiabus.it)* könnt ihr euch für 13 Euro dorthin shutteln lassen. Ihr solltet 20 Min. vor Abfahrt am Sightseeing Experience Visitor Center im Bahnhof von Santa Maria Novella sein. *Tgl. | Via Antonio Meucci | Barberino | mcarthur glen.com| außerhalb | 🕮 0*

STOFFE

38 ANTICO SETIFICIO FIORENTINO ★ ☂

Alessandro Pucci hat im Viertel San Frediano eine Seidenweberei aus dem 18. Jh. wieder zum Leben erweckt und webt und verkauft hier herrliche Stoffe nach antiken Mustern. Nicht unbedingt billig, aber bestimmt das Höchste an Exklusivität! *Via Bartolini 4 | anticosetificiofiorentino.com | Oltrarno | 🕮 D5*

39 CASA DEI TESSUTI

Die größte Auswahl an Haute-Couture-Textilien in Florenz. Die Modelle werden auf Wunsch per Beamer vorgeführt und anschließend nur für euch genäht. Rund 2000 Stoffe sind ständig im Lager vorrätig. *Via dei Pecori 20–24r | casadeitessuti.com | San Giovanni | 🕮 b2*

WÄSCHE

40 ALIDA FERRINI

Bett- und Tischwäsche, Nachthemden und vieles mehr. Klingt altmodisch? Ist es auch, aber so ein Betttuch kann es bis in Pariser Schlafzimmer schaffen – und macht sich gut im eigenen Zuhause. *Borgo San Jacopo 19r | alida ferrinifirenze.com | Oltrarno | 🕮 b4*

41 LORETTA CAPONI ★

Von der einfachen Stickerin zur High-Society-Ausstatterin! Mit neun begann Loretta zu sticken, später stickte sie dann für Lady Diana, die Kennedys oder die Rockefellers, und bis heute werden die Florentiner Upper

Schuhe von Salvatore Ferragamo: langweilig sieht anders aus

Class und Königshäuser im feinen Renaissancepalast beraten. Vielleicht wollt ihr auch mal vorbeischauen? *Via delle Belle Donne 28r | lorettacaponi.it | Santa Maria Novella | a2*

SCHUHE

42 SALVATORE FERRAGAMO

Der „König der Schuhmacher" verstarb bereits 1960, doch der Ruhm der Marke ist geblieben. In dem riesigen Ferragamo-Familienpalazzo gibt es Damenschuhe, Kleider, Accessoires, und für das *Museo Salvatore Ferragamo* (s. S. 51) ist auch noch Platz. *Via Tornabuoni 4r | salvatoreferragamo.it | San Giovanni | a3*

43 OTISOPSE

Beratung dürft ihr hier nicht erwarten, aber Schuhe „made in Italy" und gar nicht teuer! Alle Klassiker sind im Sortiment, gute Auswahl vor allem für Männer, aber auch viele – vor allem flache – Schuhe für Frauen. Gleich dreimal vertreten in der Stadt. *otisopse.com | Piazza Nazario Sauro 7r | Oltrarno | a3, Via Porta Rossa 13 | San Giovanni | b3, Via dei Guicciardini 2 | Oltrarno | b4*

44 MARIO BEMER

In Mario Bemers Werkstatt blitzen die maßgefertigten Männerschuhe in vielen Farben. Seine Luxusmodelle konzipiert und entwirft er hier und freut sich, wenn man ihm bei der Fertigung zusieht. Nicht für jeden Geldbeutel, aber so einen Schuh zieht man nie wieder aus. *Via Maggio 68 | mariobemer.com | Oltrarno | a4*

KAUFHAUS

45 LA RINASCENTE

Ein echtes Shoppingparadies, von der Parfümerieabteilung bis zu Designerklamotten. Wenn ihr bis zur gut bestückten Haushaltsabteilung im vierten Stock fahrt und dann rechts eine kleine Treppe erklimmt, könnt ihr bei einem Cappuccino von der ⚑ Dachterrasse einen wunderbaren Blick auf die Stadt genießen. *Tgl. 9–21 Uhr | Piazza della Repubblica | larinascente.it | San Giovanni | b3*

UHREN, SCHMUCK & BRILLEN

46 ENRICO VERITÀ

In Italien gibt es nur noch acht traditionelle Uhrmacher. Bei diesem hat man das Gefühl, eine Reise in die Vergangenheit zu machen. Natürlich werden auch Reparaturen vorgenommen. *Via dei Calzaiuoli 122r | enrico verita1865.com | San Giovanni | b2*

47 ALESSANDRO DARI

Es wirkt fast etwas dark, wenn man reinkommt. Im Hintergrund spielt mystische Musik. Oft werkelt der Künstler still in einer Ecke. Zum Beispiel an sehr besonderen Ringen, wie man sie sonst nie sieht: Ganze Burgen oder Köpfe erheben sich darauf. Der Besuch dieses Schmuckateliers ist wie ein Abstecher in eine Phantasiewelt. *Via di San Niccoló 115r | alessandro dari.com | Oltrarno | G6*

48 I VISIONARI

Sind nicht einfach nur Brillenverkäufer, sondern „Visionäre". Die Geschwister Elena und Emiliano Lenzi bieten in ihrem kleinen Laden moderne und extravagante Brillen, Sonnenbrillen und Accessoires an. Die ganz großen Marken findet man bei ihnen nicht,

Richard Ginori: feines Porzellan in höchster traditioneller Handwerkskunst gefertigt

aber dafür Einzelstücke der kreativsten internationalen Designer der Branche. *Piazza Nazario Sauro 14 | ivisionari.com* | Oltrarno | 🕮 E5

GLAS & PORZELLAN

49 ARMANDO POGGI

Poggi gehört zu den alteingesessenen Firmen, die alles bieten, was man für einen schön gedeckten Tisch braucht. *Via dei Calzaiuoli 103r/116r | apoggi.com* | San Giovanni | 🕮 b2

50 MOLERIA LOCCHI

Eine einzigartige Glasschleiferei mit einer 200-jährigen Tradition, die jedes Stück nicht nur restaurieren, sondern auch perfekt nachbilden kann. Die Inhaberin Paola Locchi berät dich gern – ihre Ideen sind einzigartig. *Via Burchiello 10 | locchi.com* | Oltrarno | 🕮 D6

51 RICHARD GINORI

Seit 1735 der König des italienischen Porzellans, jedes Teil von Hand hergestellt. Guter, preisgünstiger Lagerverkauf in Sesto Fiorentino. *ginori1735.com | Via dei Rondinelli 17r* | San Giovanni | 🕮 b2; *Lagerverkauf Viale Giulio Cesare 19* | außerhalb | 🕮 0

ANTIQUITÄTEN

52 CASA WOLF

Die Liebe zur Kunst liegt in der Familie. Neurochirurg Renato Conti hat das Geschäft eröffnet, Sohn Duccio (Designer und Architekt) führt es stilsicher weiter. Antiquitäten und Neuinterpretationen werden in offenen Räumen verkauft, entworfen und gestaltet, auch Duccios eigene Objekte sind dabei. Wenn ihr gerade mit dem Umzugswagen da seid, könnt ihr gleich was einpacken, ansonsten einfach inspirieren lassen! *Borgo San Frediano 151r | casawolf.it* | Oltrarno | 🕮 D5

53 BROCANTE ANTICHITÀ

Fast nichts ist im Internet über diesen Laden zu finden, aber Antiquitätenfreunde sollten hier vorbeischauen. Es macht allein schon Spaß, sich die vielen verschiedenen Objekte anzuschauen. Fantastische Sachen sind dabei, in jeder Preisklasse. *Via Cimabue 36 | Instagram: Brocante Firenze* | Campo di Marte | 🕮 J5

BUCHHANDLUNGEN

54 LA FELTRINELLI LIBRERIE

Nicht genügend Lesestoff mit in den Urlaub genommen? In den Feltrinelli-Filialen gibt es deutsche, französische und englische Bücher. *lafeltrinelli.it | Piazza della Stazione 14* | Santa Maria Novella | 🕮 a1; *Via dei Cerretani 40* | San Giovanni | 🕮 b2 *sowie Feltrinelli RED (Piazza della Repubblicca 26–29* | San Giovanni | 🕮 b2–3

55 PAPERBACK EXCHANGE

Angloamerikanischer Bookshop mit gemütlicher Atmosphäre zum Stöbern und guter Auswahl seit 1979. *Via delle Oche 4r* | San Giovanni | 🕮 c2

56 GOZZINI

Ein kleines, gepflegtes Antiquariat mit Raritäten und viel Atmosphäre. *Via Ricasoli 49 | gozzini.com* | San Giovanni | 🕮 c1

AUSGEHEN & FEIERN

Die Sonne über dem Ponte Vecchio untergehen sehen, in kleinen Weinlokalen versacken, durch die nächtlichen Straßen und Gassen der Innenstadt bummeln, in Florenz' coolstem Viertel San Frediano in Bars und auf Plätzen die Nächte verbringen, Open-Air-Konzerte, Theater, Oper ...

Viele nette oder trendige Bars und Lokale liegen im Zentrum, die meisten Diskos aber findest du eher am Stadtrand. Auch die Florentiner Theater-, Kino- und Opernlandschaft ist besonders lebendig. Im Odeon und in der Compagnia werden Kinofilme meist in Origi-

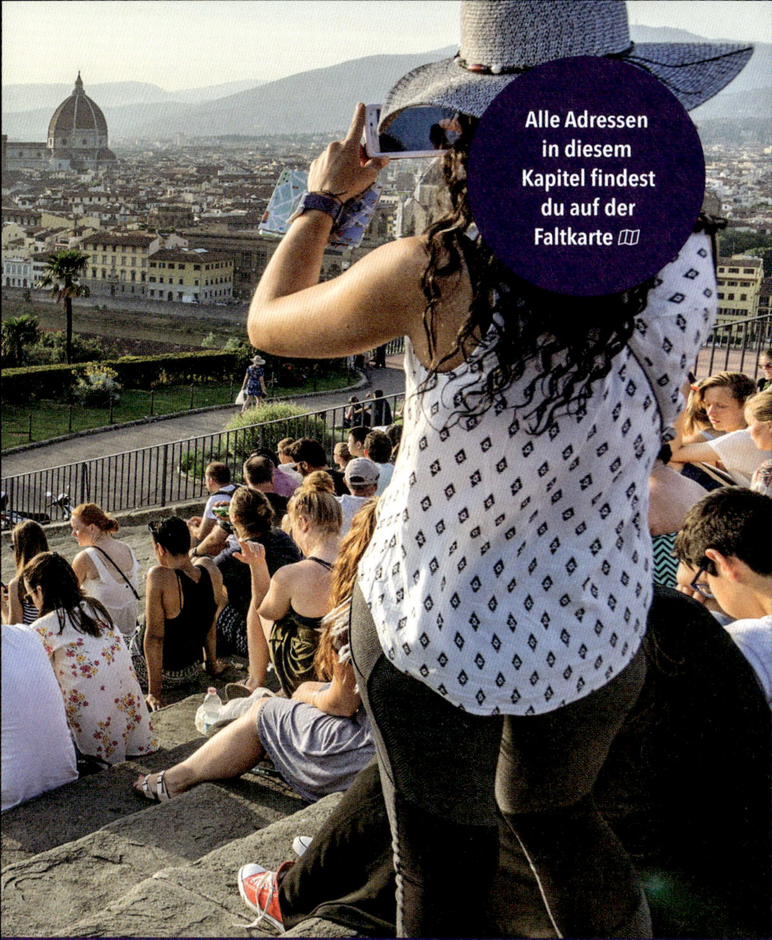

Warten auf den Sonnenuntergang vor San Miniato al Monte

nalsprache mit Untertiteln gezeigt. Die rund 200 Theateraufführungen im Jahr sind häufig Gastspiele und ein perfekter Querschnitt der Theaterproduktion aller italienischen Bühnen.
Und wer Klassik mag geht in das neue Opernhaus Teatro del Maggio Musicale di Firenze. Erlebe eine magische Florentiner Nacht und lass dich von Verdi, Rossini, Monteverdi etc. im Land der Oper zurück in die Vergangenheit führen.

WO FLORENZ AUSGEHT

MARCO POLO HIGHLIGHTS

★ **LA MÉNAGÈRE**
Bistrorestaurant, Café, Designstore, Blumenladen und Cocktailbar in einem
➤ S. 98

★ **GOSH***
Die etwas andere Bar: super Cocktails und stylishes Flair ➤ S. 100

★ **OTEL**
Beliebtes Ziel der Florentiner Diskofans
➤ S. 102

★ **DACHTERRASSEN**
Nehmt euren Aperitif über den Dächern von Florenz ➤ S. 103

★ **TENAX**
Hier legen internationale Top-DJs Musik von Minimal über Techno bis House auf
➤ S. 103

★ **YAB**
Die In-Disko im Zentrum ist gleichzeitig ein guter Ort für ein Abendessen ➤ S. 102

★ **OPERA DI FIRENZE**
Haupthaus für die Konzerte, Opern und das Ballett des Maggio Musicale ➤ S. 104

★ **TEATRO VERDI**
Ein Theater mit sehr jungem und modernem Programm ➤ S. 104

Immer gut für einen Drink ist der Innenhof des Le Murate Caffè Letterario

BARS & SZENELOKALE

1 MAYDAY CLUB

Marco, der Mix-Meister, will normalerweise erst mal wissen, was ihr gern trinkt, und dann mischt er wild was zusammen. Aber vertraut ihm einfach, er weiß, was er tut. Bio-Pilze, Bacon oder Blumen landen auch mal im Cocktail! Klingt schräg, schmeckt super! Hier werden auch Cocktail-Kurse angeboten, dann könnt ihr das zu Hause nachmixen. *Di–Sa 20–2, So 18–1 Uhr | Via Dante Alighieri 16 | maydayclub.it | San Giovanni | c3*

INSIDER-TIPP
Schinken – geschüttelt, nicht gerührt

2 JAZZ CLUB FIRENZE

Ab 23 Uhr strömen die Fans in ihren Jazzclub, mittwochs und donnerstags auch zur Jamsession. *Sept–Juni Mi/Do 21.30–2, Fr 22–3.30, So 21–1 Uhr | Eintritt mit Clubkarte (tessera) 5 Euro | Via Nuova de' Caccini 3/Borgo Pinti | San Giovanni | d2*

3 LA MÉNAGÈRE ★

Lässig, cool, gemütlich, romantisch, schick. Hier gibt's frühmorgens einen Cappuccino und die Zeitung, mittags ein leckeres *panino* oder einen warmen Snack, später ein verführerisches Stück Kuchen, zwischendurch werden ein paar Blumen verkauft, dann folgt der Aperitiv oder das Dinner – am Wochenende sogar Livemusik. *Tgl. 8–2 Uhr | Via dei Ginori 8r | lamenagere.it | San Giovanni | b1*

4 LE MURATE CAFFÈ LETTERARIO

Früher saßen hier Verbrecher hinter Gittern, heute ist es ein Ort für Konzerte, DJs, Lesungen, Videoprojektionen und kleine Ausstellungen. Aber natürlich darf man auch einfach nur zum Reden, Trinken und Essen vorbeischauen. Besonders schön ist es draußen im Innenhof. *Mo–Fr 10.30–2, Sa 15–3, So ab 15–1 Uhr | Piazza delle Murate | lemurate.it | Santa Croce | H5*

5 HABANA 500

INSIDER-TIPP
Samba in the City

Ein bisschen Cuba-Feeling – und vor euch der Arno. Musik, Cocktails und immer Leute auf der Tanzfläche zu lateinamerikanischen Rhythmen. Essen dazu könnt ihr kubanisch, aber auch italienisch. *Mitte Mai–Sept. tgl. 17–24 Uhr | Lungarno Guglielmo Pecori Giraldi | habana500firenze.it | Santa Croce | H5*

6 BITTER BAR

Der ideale Ort, um sein Cocktailwissen auszubauen: entspannte Atmosphäre, gute Musik und raffinierte Drinks im Viertel Sant'Ambrogio. *Mo–Sa 20–2 Uhr | Via di Mezzo 28r | bitterbarfirenze.it | Santa Croce | d2*

7 REX CAFFÈ

American Bar im Überseedampfer mitten in der Stadt: gemütliche Sofaatmosphäre, gute Cocktails, frische Häppchen und nach 22 Uhr DJ-Set oder Livemusik. *Sept.–Mitte Mai tgl. 21–2 Uhr | Via Fiesolana 23r | rexfirenze.com | Santa Croce | d2*

8 EBY'S

Eby, der „König der Shots", sieht aus wie ein Wissenschaftler und ist stadtbekannt. Die Zubereitung der kleinen Drinks gleicht einer Zeremonie, und auch wenn du nicht auf Hochprozentiges stehst, hier solltest du mal einen Shot probieren. Kreative Mischungen und ein kleines Erlebnis! *Di–So 11–2 Uhr | Via dell' Oriuolo 5 | Santa Croce | d2–3*

9 FULL UP

Seit 1958 gibt es diesen Club, und er ist immer noch eine Florentiner Nightlife-Institution. Seit Corona etwas ruhiger mit Dinner & Show, Drag-Queens oder Kabarett, aber es läuft wieder an. *Mi–So Dinner ab 20 Uhr, Shows ab 21 Uhr | Via della Vigna Vecchia 23 | fullupclub.com | Santa Croce | c3*

10 MOLO FIRENZE

Das Meer fehlt leider in Florenz, aber ein bisschen Strandatmosphäre bekommt ihr trotzdem! Holzbuden, Streetfood, Musik und Drinks direkt am Arno. Achtung: Nicht überall kann man mit Karte zahlen. *Mitte Mai–Sept. tgl. 17–24 Uhr | Lungarno Cristoforo Colombo 27 | Facebook: Molo Firenze | Coverciano | J–K6*

WOHIN ZUERST?

Abends geht's auf die andere Arno-Seite (Oltrarno) in die Viertel **San Frediano** *(F–G6)* und **Santo Spirito** *(a4)*. Aber auch in den kleinen Gassen um **Santa Croce** *(c–d 3–4)* im Westen des Zentrums haben sich coole Bars angesiedelt. Für später gibt's hier einige Diskos und Clubs, die meisten befinden sich jedoch am Stadtrand und sind nur mit Auto oder Taxi erreichbar.

11 OFF BAR – LAGO DEI CIGNI

Chillen am See. Die Off Bar ist eine weitere super Sommeradresse. Von 11 bis 1 Uhr täglich könnt ihr neben der Fortezza da Basso etwas trinken, essen und abends Konzerten auf der kleinen Bühne zuhören, oder es euch einfach nur wie viele andere auf der großen Wiese gemütlich machen. *Fortezza da Basso/Piazzale Oriana Fallaci | offbar.it | Santa Maria Novella | F3*

12 THE ARTS INN

Extrem nette und gemütliche kleine Weinbar, die gleichzeitig Werke von Künstlern ausstellt. Meist ausgewählte, entspannende Musik. Individuell eingerichtet und sehr freundliche Bedienung. *Di–Do 18.30–24, Fr–So 18.30–1 Uhr | Via del Porcellana 63r | theartsinn-florence.com | Santa Maria Novella | a2*

13 ANTICO CAFFÈ DEL MORO – ART BAR FIRENZE

Cocktails mit frisch gepressten Säften und einem Berg Obst. In dieser kleinen Bar kreiert der nette, weißhaarige Besitzer Paolo jeden Cocktail sorgfältigst. Das dauert ein bisschen, aber ein gut gemachter Drink braucht eben seine Zeit. Zu jedem gibt's Popcorn und Chips. Beliebt auch zur Happy Hour (19–20 Uhr). *So–Do 19–1.30, Fr/Sa 18.30–2.30 Uhr | Via del Moro 4 | Santa Maria Novella | a3*

14 GOSH* ★

Die Flamingotapete hat schon viele von der Straße hier reingelockt, und wer erst mal drin ist, bleibt. Urbanes Flair, gute Musik, nettes Personal. Im zweiten Raum dann viel Samt und Pflanzentapete. Untypisch für Florenz und sehr stylish. *Di–So 18–24 Uhr | Via Santo Spirito 46r | Oltrarno | a3*

15 NOF

Liverock auf der kleinsten Bühne, die je ein Mensch gesehen hat. Der ganze Club ist eher ein nettes Zimmer mit Tresen, aber voll kann es werden, denn fast jeden Abend spielen Livebands. *Mo–Do 17.30–2.30, Fr/Sa bis 3.30, So bis 2 Uhr | Borgo San Frediano 17/19r | nofclub.it | Oltrarno | E5*

16 OSTELLO TASSO

INSIDER-TIPP
Im Hostel feiern

Eigentlich ein Hostel, aber mindestens ein genauso guter Partyort – daher schon ein Geheimtipp. In dem gemütlichen Saal, der im Wohnzimmer-, Retro- und alternativen Kunststil eingerichtet ist, finden am Wochenende gute Partys und Konzerte statt. Internationales Publikum. Unbedingt hingehen! Schöner Innenhof, nette Bar. *Eintritt mit Karte (10 Euro) unter entro.in/ostellotasso | Via Villani 15 | Events unter Ostello Tasso Facebook | Oltrarno | D6*

17 SANTAROSA

Unter Bäumen steht ein Gartenhäuschen in einem kleinen Park direkt hinter der Stadtmauer von San Frediano. Hier lässt es sich aushalten, vor allem im Sommer. Sehr nette, entspannte Atmosphäre – drinnen wie draußen. *Mo–Fr 8–24, Sa/So ab 10 Uhr | Lungarno di Santa Rosa | santarosabistrot.com | Oltrarno | D5*

18 RASPUTIN

Die Bar „irgendwo in Santo Spirito". Mehr erfahrt ihr nicht, denn nur Eingeweihte haben Zugang zu diesem gut versteckten, dunklen Ort. Wie in Zeiten der amerikanischen Prohibition müsst ihr suchen gehen, klingeln und dann führt euch eine Treppe hinunter in den Raum mit dem schummrigen Licht und den Cocktails. Notfalls helfen Google Maps oder die Telefonnummer *05 57 60 99 57.* Unbedingt vorher reservieren unter *rasputinsecretbar.com.* *Oltrarno* | *a4*

19 FLÒ

Livemusik, DJ-Set, Glamour, Aperitif-Buffet und dazu – da auf dem Hügel südlich der Stadt gelegen – ein toller Blick über die ganze Stadt. *Mitte Mai–Sept. Di–So 22.30–3 Uhr | Piazzale Michelangelo 82 | flofirenze.com | Oltrarno |* *H7*

20 LOVE CRAFT

Die erste Whiskybar der Stadt. Neu im sogenannten coolsten Viertel der Welt, San Frediano (zumindest wird das behauptet). Um die 100 feine Whiskeysorten in einer Bar im Stil der 1940er-Jahre. *18–2 Uhr | Borgo San Frediano 24r | Oltrarno |* *E5*

INSIDER-TIPP
Noch einen bitte!

21 CIRCOLO AURORA

In einem Steintürmchen in der alten Stadtmauer befindet sich diese kleine, nette Bar. Man fühlt sich fast wie zu Hause (für einige ist es das zweite Wohnzimmer), manchmal mit etwas lauterem Hintergrund bei Events oder Livemusik. Ansonsten ruhige, entspannte Atmosphäre, im Sommer auch draußen. *Piazza Torquato Tasso 1 | Events unter Aurora-P.zza Facebook | Oltrarno |* *D6*

Feiern am Piazzale Michelangelo: Im Flò sind die Nächte nie langweilig

Der ewige Klassiker zur Happy Hour: Aperol Spritz – hier einfach nur *uno spritz* genannt

22 VOLUME
Die Tischlerei des alten Bini wurde zur Kultbar. Im 1970er-Jahre-Ambiente kann man lesen, vorzügliche Crêpes essen, Livemusik genießen oder einfach was trinken. *Tgl. 16.30–2 Uhr | Piazza Santo Spirito 5r | volume.fi.it | Oltrarno | a4*

23 SERRE BISTROT
Hohe Steinmauern umgeben diesen Privatgarten, aber abends öffnet er seine Pforten – und dahinter wartet eine grüne Welt zum Durchatmen. Dazu Cocktails, Aperitivo oder Musik. Perfekt für heiße Sommerabende. *Mai–Sept. tgl. 18–2 Uhr | Via Gusciana 27 | serretorrigiani.it | Oltrarno | D6*

DISKOTHEKEN

Die Öffnungszeiten können der Jahreszeit entsprechend schwanken. Zur Sicherheit solltet ihr besser vorher anrufen!

24 OTEL ★
Motto-Events oder Partys in mehreren Areas, kommerziell, etwas außerhalb, aber gut! Abendessen kann man auch gleich noch, aber macht euch besser schick! Im Sommer zieht das Otel zwei Häuser weiter ins Freie und wird zur *Blanco Beach Bar (Di–Sa ab 23 Uhr | Viale Generale dalla Chiesa 11). Sept.–Mai Fr–So, Essen ab 20.30, DJ-Set ab 23.20 Uhr | Viale Generale dalla Chiesa 9 | otelvariete.com | Varlungo | 0*

25 YAB ★
Dort tanzen, wo auch die Stars sind? Robert De Niro, Sylvester Stallone, Madonna, David Bowie u. a. waren auch schon hier. Die Wahrscheinlichkeit ist nicht groß, sie gerade an dem von euch gewählten Abend zu treffen. Doch das Yab ist die berühmteste Disko von Florenz! *Mo, Mi/Do, Fr/Sa ab 23.30 Uhr | Via dei Sassetti 5r | yab.it | Santa Maria Novella | b3*

26 SPACE
Im Herzen der Stadt tanzen in diesem Club hauptsächlich junge Florentiner zu House, Hip-Hop oder auch Happy Music/Revival. Kürzlich modernisiert. *Fr/Sa ab 23, Di/Mi ab 23.45 Uhr | Via Palazzuolo 37 | Santa Maria Novella | a2*

27 RED GARTER
Singen, trinken, tanzen. Amerikanisches Nachtleben in Florenz! Die vielen Studenten aus den Staaten prägen das Leben der Stadt. Red Garter ist eine der ersten American Bars Italiens (seit 1962) und vielleicht einer der ausgelassensten Orte.

INSIDER-TIPP
Heute ein kleiner Star

Man kann die schräglauten Karaoke- und Diskoabende mögen oder nicht, aber jeder bekommt hier beim Singen Applaus. *Mo–Do 16.30–4, Fr–So 11.30–4 Uhr | Via dei Benci 33R | redgarter1962.com | Santa Croce | c3–4*

28 TENAX ★
In ganz Italien ist das Tenax bekannt. DJs aus New York, London oder Amsterdam legen hier auf, und jede Woche gibt es ein neues Programm. *Fr/Sa ab 23.30 Uhr | Via Pratese 46 | tenax.org | Rifredi | 0*

KINO

29 ODEON
Florenz' sicherlich schönstes Kino mit seiner märchenhaften Innenausstattung aus den 1920er-Jahren und einer phantastischen Kuppel über dem Publikumssaal wurde 2022 komplett umgestaltet. Tagsüber finden jetzt verschiedenste Kulturveranstaltungen statt, aber abends ab 21 Uhr laufen immer noch Filme in Originalsprache mit englischen Untertiteln. Ein Kinoerlebnis, das ihr vom Logenplatz fast wie in der Oper genießen könnt. *Piazza Strozzi 2 | Tel. 0 55 29 50 51 | cinehall.it | Santa Maria Novella | b3*

DACHTERRASSEN

Lust auf einen stilvollen Drink unterm Sternenhimmel? Dann die beste Kleidung anziehen, durch die Tür eines der Nobelhotels und mit dem Aufzug bis in den letzten Stock. Auf den ★ *Dachterrassen* vieler Hotels erwartet euch ein wahrlich exklusiver Blick auf Florenz. Auch wenn das Übernachten hier wohl zu teuer wäre, ein *aperitivo* solltet ihr euch gönnen. Außer

APERITIVI

Vor Corona war zwischen 19 und 21 Uhr die große *aperitivo*-Zeit. Man bezahlte ein Getränk und dann war am Buffet *all you can eat* angesagt: Pasta, Pizzastückchen, Nudelsalate und mehr. Vielleicht wird es wieder so, zurzeit sind diese *aperitivi* eher selten. In vielen Bars gibt es stattdessen spezielle *aperitivo*-Menus, z. B. von 16 bis 19 Uhr im *Tamero* (s. S. 76), „Drink + Bontà" von 17.30 bis 20.30 Uhr im *Mercato Centrale (s. S. 78)*. Ein typisches Buffet gibt's noch im *Kitsch 2 (Via San Gallo 22r | Kitsch Facebook | San Giovanni | G3)*.

dem unglaublichen Blick auf die Stadt gibt es auch noch anderes, was einem die Sprache verschlägt. Einige der großen Hotels servieren nämlich nicht nur Cocktails und Häppchen, manche haben sogar einen Pool – abends beleuchtet! Empfehlenswert: *Se.Sto on Arno, Westin Excelsior (Piazza Ognissanti 3 | sestoonarno.com | Santa Maria Novella | 🕮 E5), Hotel Medici (Via dei Medici 6 | hotelmedici.it | San Giovanni | 🕮 b3), Empireo, Plaza Hotel Lucchesi (Piazza Ognissanti 3 | hotelplazalucchesi.it | Santa Maria Novella | 🕮 E5), Grand Hotel Minerva (Piazza Santa Maria Novella 16 | grandhotel minerva.com | Santa Maria Novella | 🕮 a2)* und *Hotel Baglioni (Piazza Unità Italiana 6 | hotelbaglioni.it | Santa Maria Novella | 🕮 a2).*

KONZERTE, THEATER & EVENTS

30 MANIFATTURA TABACCHI

Auf dem Gelände einer alten Tabakfabrik steht jetzt ein neues Kulturzentrum – cool, urban und für Florenz eher ungewöhnlich. In den früheren Lagerhallen oder im Innenhof finden Konzerte, Ausstellungen, Filmvorführungen und andere Events statt, in riesigen Räumen mit Industriecharakter sind Cafés, Bars und Restaurants untergebracht. Nicht direkt im historischen *centro* gelegen, aber mit der Buslinie 17 kommt man vom Bahnhof in ca. 15 Min. hin, mit den Mobikes in ca. 20 Min. Nachts ist es anzuraten, nicht durch den Parco delle Cascine zu fahren. *Via delle Cascine 33–35 | mani fatturatabacchi.com | Cascine | 🕮 B2*

31 EX-STAZIONE LEOPOLDA

Seit Mitte der 1990er-Jahre finden in den riesigen Räumen des ehemaligen Bahnhofs Ausstellungen, Happenings und Performances sowie jedes Jahr im Mai das internationale Theaterfestival statt. *Viale Fratelli Rosselli 5 | stazione-leopolda.com | Santa Maria Novalla | 🕮 D3–4*

32 OPERA DI FIRENZE ★

Wenn man klassische Musik liebt, sollte man hier einen Abend verbringen. Das Maggio Musicale Fiorentino ist das älteste und renommierteste Musikfestival Italiens, welches jedes Jahr im Frühling stattfindet. Doch auch in den anderen Monaten und außerhalb der Hauptsaison (Jan.–April und Sept.–Dez.) ist das Programm an Konzerten, Opern und Balletten vielfältig. Seit 2014 finden die Aufführungen des *Maggio Musicale Fiorentino* – des ältesten und renommiertesten Musikfestivals Italiens – im neuen avantgardistischen Bau *Nuovo Teatro dell' Opera* statt. Vom angegliederten *Open-Air-Auditorium* hat man einen atemberaubenden Blick auf die ganze Stadt. *Piazzale Vittorio Gui 1 | maggio fiorentino.com | Santa Maria Novella | 🕮 C3*

33 TEATRO VERDI ★

Mitten im Viertel Santa Croce liegt dieses große, alte Logentheater, in dem man sich von allerlei Tönen berauschen lassen kann. Gespielt wird alles von Klassik bis Pop. *Via Ghibellina 99 | Tel. 0 55 21 23 20 | teatroverdifirenze.it, orchestradellatoscana.it | Santa Croce | 🕮 d3*

Nuovo Teatro dell'Opera di Firenze: Preisgekrönte Architektur für neue Klangwelten

34 TEATRO DEL SALE

Theater und gleichzeitig Restaurant und Delikatessenladen: Nachdem man am Eingang einen Mitgliedsausweis erhalten hat, kann man in diesem angenehmen Ambiente in ledernen Clubsesseln zwischen alten Bücherregalen oder aber vor der offenen Küche brunchen, Mittag essen und abends dinieren (es empfiehlt sich, ab 19 Uhr da zu sein). Manchmal so gut besucht, dass der Platz an den winzigen Tischchen nicht ausreicht, um sein Glas abzustellen.

INSIDER-TIPP
Show beim Essen

Kurz vor 21 Uhr werden die Tische zusammengestellt, die Vorstellung beginnt. Im Internet kann man sich vorher über das Tagesprogramm informieren. Aber auch ohne Show bleibt dir dieser Abend garantiert in Erinnerung. *Di–Sa 9–22.30, So 9–14.30 Uhr | Via dei Macci 111r | Tel. 05 52 00 14 92 | teatrodelsale.com | Santa Croce | H5*

35 TEATRO DI RIFREDI

Ein Mix aus Musicals und Experimentiertheater, aufgeführt im Vorort Rifredi. *Via Vittorio Emmanuele II 303 | Tel. 05 54 22 03 61 | teatrodirifredi.it | Rifredi | 0*

36 AUDITORIUM FLOG

Viele Livekonzerte, meist Pop und Rock, aber auch Reggae, Hip-Hop und Blues. Do, Fr und Sa Partys mit guten DJs. Faire Eintrittspreise. Im Sommer Open-Air-Kino statt Musik. Einmal monatlich LGBT-Nacht. *Okt.–Mai | Via Michele Mercati 24b | Tram T1, Haltestelle Poggetto | flog.it | Rifredi | 0*

AKTIV & ENTSPANNT

Joggen mit Blick auf den Ponte Vecchio

SPORT, SPASS & WELLNESS

Museumsbesuche, Shopping, Pflastertreten ... Wenn man weiß, wo man entspannen kann, ist man wieder fit für neue Entdeckungen.

IN GÄRTEN ENTSPANNEN

Während man im *Giardino di Boboli* (s. S. 58) zwischen Statuen, Nymphen und Grotten schlendern kann, betört im Sommer, wenn die Glyzinienpergola in Blüte steht, der *Giardino Bardini* (s. S. 60) mit seinem Duft der Schwertlilien, Azaleen und Hortensien. Eine wahre Aromatherapie. Im *Giardino delle Rose* (s. S. 60) unterhalb des Piazzale Michelangelo ist es sofort ruhiger, sobald man durch seine kleine Steintür schreitet. Hier wird gelesen, sich gesonnt, und manch einer hält sogar ein Mittagsschläfchen.

Wer sich lieber unter das Florentiner Volk mischen oder ein wenig sportlich betätigen möchte, sollte in den *Parco delle Cascine* (s. S. 62) fahren. Florenz' großer Stadtpark bietet ausreichend Platz zum Picknicken, Entspannen, Joggen, Rollerbladen und Spazierengehen. Außerdem kann man sich im schönsten öffentlichen Schwimmbad von Florenz, *Le Pavoniere,* abkühlen.

LESEN UND ABHÄNGEN

Oder sich einfach mit einem guten Buch in einem Café ausruhen? Ideal zum längeren Sitzen, ohne dass man das Gefühl hat, gleich den Tisch freimachen zu müssen, sind das *Cité-Libreria Café* (s. S. 71), die *Ditta Artigianale* (s. S. 71) in der Nähe des Ponte Vecchio und der *Urban Garden* (s. S. 70), der wie eine kleine Oase inmitten des Trubels wirkt. Einen schönen Ausblick genießen könnt ihr im Café der *Le Oblate* (s. S. 71) oder auf der Dachterrasse des Kaufhauses *La Rinascente* (s. S. 91).

Entspannt geht es auch in der Buchhandlung *Feltrinelli RED (🕮 F5) (Piaz-*

Auszeiten im Giardino di Boboli

za della Repubblica 26–29) zu, denn hier kann man in einer großen Auswahl zu den Themen Kunst, Architektur, Design schmökern, aber auch eine Kleinigkeit essen und an Musik- und Kinoevents teilnehmen, denn RED steht für *read, eat, dream*.

MEDITATION

Die Buslinie 7 fährt ab Piazza San Marco nach *Fiesole* (s. S. 125). Das Panorama hier ist einzigartig. Die Kirche so wie das Kloster San Francesco haben eine beruhigende, fast meditative Atmosphäre. Im Sommer ist es hier ein wenig kühler als in Florenz – und in jedem Fall nicht so voll.

Die oberhalb der Stadt gelegene Kirche *San Miniato al Monte* (s. S. 61), von der viele Besucher sagen, sie sei ihre Lieblingskirche, wirkt fast mystisch. Ein besonderer und meditativer Moment: Wenn gegen Abend die gregorianischen Vespergesänge ertönen.

KLETTERN

Im *Parco Avventura Vincigliata (◫ 0) (Via Vincigliata 21 | Fiesole | treeexperience.it)* kann sich die ganze Familie von Baum zu Baum hangeln. Die Schwierigkeitsstufen haben Schlangennamen. Mit „Python" kommen schon die Kleinen zurecht, aber Vorsicht bei „Mamba": Das schaffen nur gut trainierte Erwachsene.

INSIDER-TIPP
Python, Cobra, Mamba

SPA, YOGA UND PILATES

Schön ist es, nach langem Sightseeing in einem Spa zu entspannen. Der Bus 30A in Richtung Prato bringt euch zur *Wellness World Asmana (◫ 0) (Via Salvator Allende 10 | Haltestelle Limite | asmana.it)*. Und im *Relax (◫ F5) (Piazza della Repubblica, Eingang Via degli Strozzi | relaxfirenze.com)* könnt ihr euren Körper mit Yoga und Pilates (Kurse auch auf Englisch) fit für den nächsten Tag machen.

FESTE & EVENTS

Florenz feiert gerne! Da sind die Volksfeste am Ostersonntag und am Tag des Schutzheiligen (24. Juni), das grandiose Festival del Maggio Musicale Fiorentino, die Kunst- oder Antiquitätenbiennale, und und und ...

Durch die Pandemie hat sich die letzten Jahre viel verändert, bei einigen Festivals bleibt abzuwarten, ob und wie es weitergeht. Infos für aktuelle Veranstaltungen auch unter *florenceisyou.com* oder *theflorentine.net*.

MÄRZ/APRIL

Mariä Verkündigung: Volksfest auf der Piazza Santissima Annunziata am 25. März und zudem eine Woche mit Märkten, Musik und Prozessionen durch die Stadt, alles anlässlich des traditionellen Florentiner Neujahrs.

Taste: kulinarische Messe an einem Märzwochenende, (teils auch schon im Februar), *taste.pittimmagine.com*

Scoppio del Carro: Renaissance-Feuerwerksspektakel am Ostersonntag, bei dem zwischen Dom und Baptisterium ein historischer Karren angezündet wird

Mostra Internazionale dell'Artigianato: Kunsthandwerksmesse in der Fortezza da Basso Ende April, *mostra artigianato.it*

MAI/JUNI

★ **Maggio Musicale Fiorentino:** mehrwöchige Festspiele mit Opern, Konzerten und Ballett, *maggiofiorentino.com*

Firenze Rocks: seit 2017 jährliches Rockfestival im Juni im Parco delle Cascine mit Gruppen und Sängern aus der internationalen Rockszene, *firenzerocks.it*

Calcio in Costume: am 24. Juni zu Ehren des Florentiner Stadtheiligen San Giovanni findet das Finale des historischen Fußballspiels der vier Stadt-

Feuerwerk zum Abschluss des Calcio in Costume

viertel in mittelalterlichen Kostümen auf der Piazza Santa Croce statt, am Abend großes Feuerwerk vom Piazzale Michelangelo aus, *calciostoricofio rentino.it*

JULI/AUGUST

Estate Fiesolana: eines der ältesten Festivals Italiens mit Konzert, Theater, Ballett und Film im römischen Theater in Fiesole, *estatefiesolana.it*

Florence Dance Festival: Zeitgenössische Tanzperformances an verschiedenen Orten der Stadt, von Ende Juni bis Ende Juli, *florencedancefestival. org*

MusArt Festival: Klassische Musik, Tanz, Pop- oder Rockkonzerte für eine Woche im Juli auf der Piazza Santissima Annunziata, *musartfestival.it*

SEPTEMBER/OKTOBER

Biennale Internazionale di Arte Contemporanea, Biennale Internazionale dell'Antiquariato di Firenze: in jedem ungeraden Jahr in der Fortezza da Basso bzw. im Palazzo Corsini, *florencebiennale.org, biaf.it*

Festa della Rificolona: Am 7. Sept. leuchten unzählige Lampions auf dem Arno und der Piazza della Santissima Annunziata.

INSIDER-TIPP
Ein Lichtermeer

Artigianato e Palazzo: zumeist am 3. Septemberwochenende im Garten des Palazzo Corsini sul Prato, Verkauf von traditionellem italienischem Kunsthandwerk, *artigianatoepalazzo.it*

NOVEMBER/DEZEMBER

Festival dei Popoli: internationales Dokumentarfilmfest Ende Oktober/ November, *festivaldeipopoli.org*

Stagione dei Festival: 50 Tage lang verschiedene Filmfestivals in der Compagnia, *cinemalacompagnia.it*

Firenze Marathon: am letzten Sonntag im November, *firenzemarathon.it*

SCHÖNER SCHLAFEN

KÖNIGLICH RESIDIEREN

Wunderschön ist die Renaissancevilla ★ *Torre di Bellosguardo (16 Zi. | Via Roti Michelozzi 2 | Tel. 05 52 29 81 45 | torrebellosguardo.com | €€€ | ◫ C6)* mit Pool, Park und traumhaftem Blick auf Florenz – nur 10 Min. vom Zentrum entfernt! Der Gast ist hier König, lebt ganz wie in glorreichen alten Zeiten. Schon Galileo Galilei wusste, was schön ist, und hat hier geschlafen.

INNOVATIVER STUDENTEN-LIFESTYLE FÜR ALLE

Mehr als ein Hotel in einem historischen Palazzo: sechs Etagen, Restaurant, Bar, Platten- und Kleidungsgeschäft, Bikeshop, Coworkingräume, Lounge, Fitnessstudio, Innenhof – und auf dem Dach Pool mit spektakulärem Blick auf die komplette Stadt. Das *Student Hotel (Viale Spartaco Lavagnini 70 | Tel. 05 50 62 18 55 | thestudent hotel.com | € | ◫ F3)* ist für Studenten und für alle, die sich wie solche fühlen. Auf jeden Fall hip. Fahrräder können sowohl geliehen als auch untergestellt werden.

INSIDER-TIPP
Fahrradfans aufgepasst!

GEMÜTLICH CHILLEN IM RETROHOSTEL

Abseits der Touristenströme im Vintagestyle. Jeder der 13 Räume des *Ostello Tasso (Via Villani 15 | Tel. 05 50 60 20 87 | ostellotasso.florence tophotels.com | € | ◫ D6)* ist individuell gestaltet. Sehr netter, gemütlicher Innenhof. Im großen Saal finden von Oktober bis Juni Konzerte, Open-Mic-Nights und mehr statt.

MEINE KLEINE FARM

Zwölf gemütliche Apartments auf dem Gelände eines Klosters, dazu ein Pool, ein Restaurant, in dem nur mit frischesten Zutaten gekocht wird, und gleich vor der Tür Wanderwege, ein

Traumhaft: Hotel Torre di Bellosguardo

Bikepark für Mountainbiker und ganz viel Panorama (auch Touren/Safaris werden angeboten). Esel, Hühner, Pferde & Co. wohnen übrigens mit in der ★ *Fattoria di Maiano (Via Benedetto da Maiano 11 | Fiesole | Tel. 0 55 59 96 00 | fattoriadimaiano.com | €€ | 🕮 0)*. Es ist so idyllisch hier oben, dass man fast nicht mehr in die Stadt will! Buchung wochenweise.

IN PURER NATUR

Im Bauernhaus übernachten? Oder doch lieber im „Haus des Kinos"? Oder sogar im Baumhaus? Hier, 15 Min. von Florenz entfernt, habt ihr Natur, Ruhe und euer ganz speziell eingerichtetes Häuschen. Die *Casa Barthel (1 Zi. | Via Volterrana 103 | Tel. 33 55 71 17 86 | casabarthel.com | €€ | 🕮 0)* ist perfekt, um sich von den Museumsbesuchen zu erholen und gleichzeitig vom Garten mit Pool auf die Stadt zu blicken.

INSIDER-TIPP
Mit Blätterrauschen aufwachen

ROOM WITH A VIEW

Downtown und günstig. *Das Hotel Medici (Via dei Medici 6 | Tel. 0 55 28 48 18 | hotelmedici.it | €€ | 🕮 b3)* liegt direkt in einer Parallelstraße vom Dom. Einige der Zimmer sind sogar mit Blick auf die Kuppel. Von der Dachterrasse des Hotels hat man ihn auf jeden Fall. Hier seid ihr mitten im Geschehen.

OLD ENGLAND SAYS HELLO

Ein nostalgischer Wintergarten für die Teatime, ein schöner Diningroom, wo man auch sehr gut diniert. Very British, very 19th century. Das *Helvetia & Bristol (67 Zi. | Via dei Pescioni 2 | Tel. 05 52 66 51 | collezione.starhotels.com | €€€ | 🕮 b3)* ist ein Überbleibsel der englischen Kolonie, aber auf neustem Stand.

ERLEBNIS TOUREN

Lust, die einzigartigen Facetten der Stadt zu entdecken? Dann sind die Erlebnistouren genau das Richtige für dich! Ganz einfach wird es mit der MARCO POLO Touren-App: Die Tour über den QR-Code aufs Smartphone laden – und auch offline die perfekte Orientierung haben.

Treffpunkt aller Touristen: Piazza del Duomo

Einfach QR-Code scannen und alle Karten & Infos zu unseren Touren auch unterwegs parat haben!

go.marcopolo.de/flo

DIE ERLEBNISTOUREN IM ÜBERBLICK

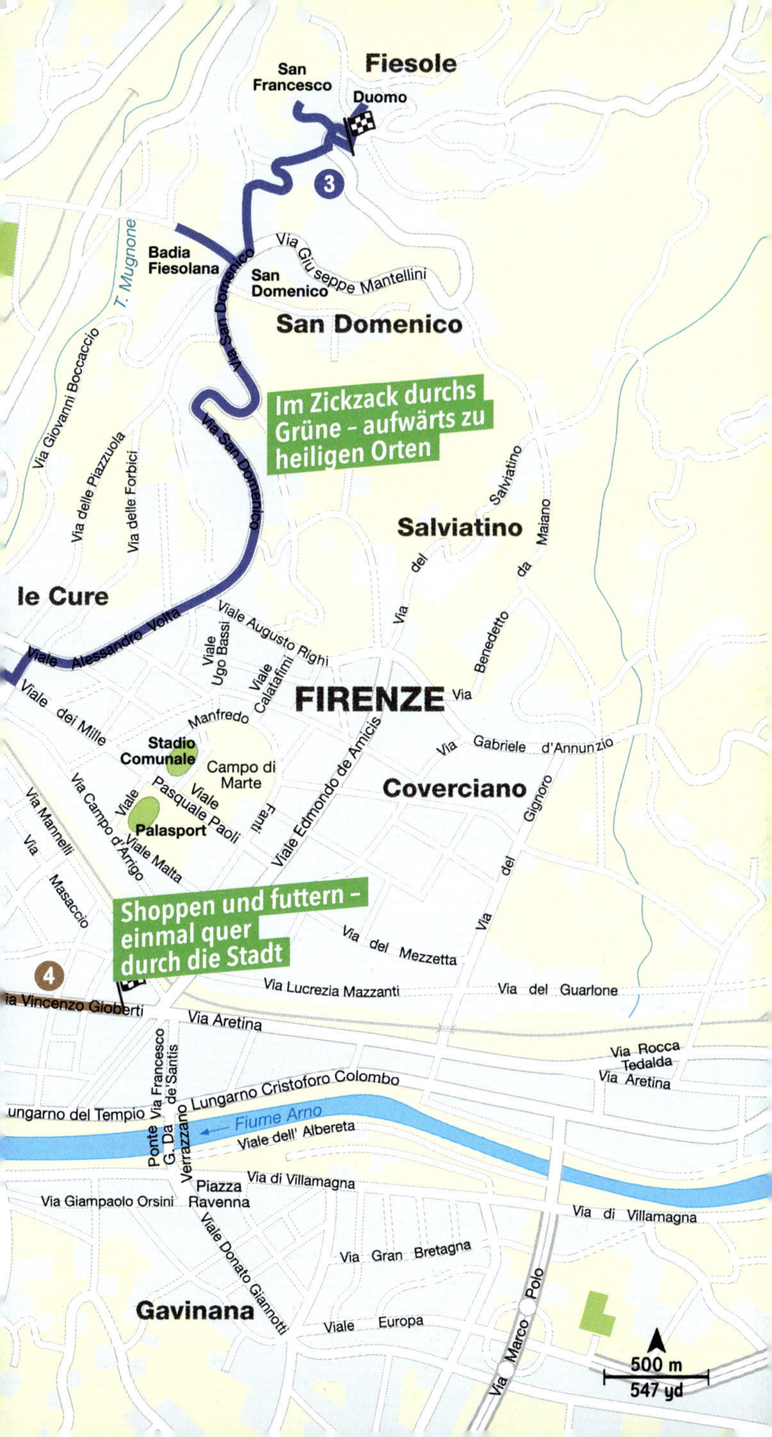

Fiesole
San Francesco
Duomo
3
Badia Fiesolana
T. Mugnone
Via Giuseppe Mantellini
San Domenico
San Domenico
Via San Domenico
Im Zickzack durchs Grüne – aufwärts zu heiligen Orten
Via Giovanni Boccaccio
Via delle Piazzuola
Via delle Forbici
Via San Domenico
Salviatino
Via del Salviatino
Via Benedetto da Maiano
le Cure
Viale Alessandro Volta
Viale Augusto Righi
Viale Ugo Bassi
Viale Calatafimi
FIRENZE
Viale dei Mille
Manfredo
Stadio Comunale
Campo di Marte
Via Gabriele d'Annunzio
Coverciano
Viale Pasquale Paoli
Viale Fanti
Viale Edmondo de Amicis
Palasport
Via Campo d'Arrigo
Viale Malta
Via Mannelli
Via Masaccio
Via del Gignoro
Shoppen und futtern – einmal quer durch die Stadt
Via del Mezzetta
4
Via Lucrezia Mazzanti
Via del Guarlone
ia Vincenzo Gioberti
Via Aretina
Via Rocca Tedalda
Via Aretina
Via Francesco de' Santis
Lungarno Cristoforo Colombo
ungarno del Tempio
Fiume Arno
Ponte G. Da Verrazzano
Viale dell' Albereta
Piazza Ravenna
Via di Villamagna
Via Giampaolo Orsini
Via di Villamagna
Viale Donato Giannotti
Via Gran Bretagna
Gavinana
Viale Europa
Via Marco Polo
500 m
547 yd

❶ DAS GANZE HERZ DER STADT IN EINER TOUR

- Palazzi, Kirchen und Haute Couture
- Durch verwinkelte Gassen und über weite Plätze
- Märkte, Eis, Pizza: schlemmend durch die Altstadt

Piazza della Signoria | Teatro Verdi

6 km | 1 Tag, reine Gehzeit: 1½ Stunden

❶ Piazza della Signoria
❷ Orsanmichele
❸ Palazzo Strozzi
❹ Via dei Tornabuoni
❺ Museo Marino Marini

LOS GEHT'S ...

Beginn: ❶ Piazza della Signoria ➤ S. 29. Eine *brioche* und ein wirklich guter Cappuccino im renommierten Rivoire ➤ S. 70 oder eine heiße Schokolade (dafür ist dieses Café in ganz Italien berühmt!). Besser kann man den Tag nicht beginnen. Die weite Piazza gilt mit dem Palazzo Vecchio ➤ S. 31 und der Loggia dei Lanzi ➤ S. 35 als einer der inspirierendsten Orte von Florenz. *Dann folgt man der Via dei Calzaiuoli, biegt am ehemaligen Getreidespeicher, heute der Kirche* ❷ Orsanmichele ➤ S. 40, *nach links und schlendert über die Piazza della Repubblica,* wo es auch eine deutsche Zeitung am Kiosk unter dem Triumphbogen gibt. *Dann weiter auf der Via Strozzi zum majestätischen* ❸ Palazzo Strozzi ➤ S. 42, in dem vielleicht gerade eine interessante Kunstausstellung stattfindet. *Durch den Palastinnenhof, und ihr seid auf der* ❹ Via dei Tornabuoni, der Luxusmeile der Haute Couture. Shoppen, aber auch nur schauen macht Spaß, z. B. bei Emilio Pucci ➤ S. 89 oder Salvatore Ferragamo ➤ S. 91.

PFERDE UND FRESKEN IN DER KIRCHE

Lust auf moderne Kunst? *Dann geht am besten entlang der mittelalterlichen Via della Spada zur Piazza San Pancrazio* mit dem in einer ehemaligen Kirche installierten ❺ Museo Marino Marini ➤ S. 50. Hier stehen moder-

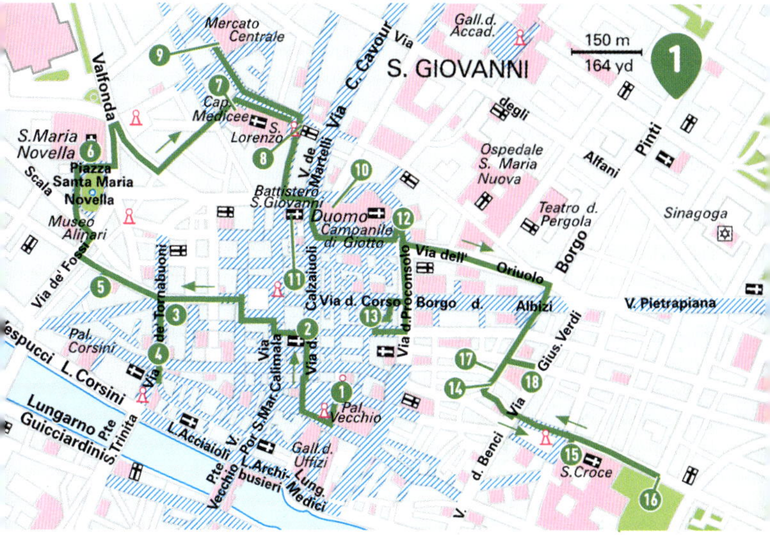

ne Pferdeskulpturen mitten im Kirchenschiff. Von hier kommt ihr in nur drei Minuten *über die Via della Spada und die Via di Fossi zur schönen und weitläufigen Piazza Santa Maria Novella.* Macht Pause auf einer Bank oder sonnt euch ein wenig, bevor ihr dann die Kirche ❻ Santa Maria Novella ➤ S. 50 mit ihren unermesslichen Kunstschätzen – darunter großartigen Freskenzyklen – erkundet.

❻ Santa Maria Novella

INS KULINARISCHE SCHLARAFFENLAND

Zurück stadteinwärts geht ihr über die Via del Giglio zu den ❼ Cappelle Medicee ➤ S. 48, die zur Kirche San Lorenzo ➤ S. 47 gehören. In den Seitengassen brummt der große Touristenmarkt, auf dem man super Mitbringsel kaufen kann. Dann vielleicht eine kleine Mittagspause? Bei der authentischen Trattoria ❽ Gozzi Sergio ➤ S. 78 isst man gemeinsam mit vielen Florentinern, die sich hier einen Teller guter Pasta gönnen. Falls kein Tisch mehr frei sein sollte, geht einfach *ca. 100 m in die Via dell'Ariento* in das kulinarische Schlaraffenland des ❾ Mercato Centrale ➤ S. 78, 88, wo es besonders

INSIDER-TIPP
Souvenirs zu kleinen Preisen

❼ Cappelle Medicee

❽ Gozzi Sergio

❾ Mercato Centrale

In der Scuola del Cuoio geht alles noch von Hand – Taschen aus feinstem Leder

Spaß macht, sich aus den besten italienischen Köstlichkeiten auf der ersten Etage der großen Halle ein Menü zusammenzustellen. Danach ein Bummel vorbei an den Marktständen mit frischen Spezialitäten im Erdgeschoss.

HIERHIN ZIEHT ES ALLE: IN DEN DOM

⑩ Duomo di Santa Maria del Fiore

⑪ Baptisterium

⑫ Museo dell'Opera del Duomo

Jetzt könnt ihr in den Schuhgeschäften *auf dem Borgo San Lorenzo* stöbern und gelangt dann direkt auf den Platz vor dem überwältigenden ⑩ Duomo di Santa Maria del Fiore ➤ S. 36 und dem ⑪ Baptisterium ➤ S. 39. Besonders interessant: das ⑫ Museo dell'Opera del Duomo ➤ S. 39 östlich des Doms. Hier könnt ihr die Originale der faszinierenden Bildhauerarbeiten sehen.

AUF GEHT'S ZU DANTE UND HÖLLISCH GUTEM EIS

⑬ Dantes Geburtshaus

Die *Via del Proconsolo* führt euch etwas von den Touristenmassen weg. *Ein Schlenker über die Via Dante Alighieri bringt euch* zu ⑬ Dantes Geburtshaus ➤ S. 36. Von dort schlendert ihr *durch den Borgo degli Albizi und dann nach rechts* auf ein köstliches *gelato* bei

⑭ Vivoli ➤ S. 72 zu. *Wenige Schritte entlang der Via Torta,* und es öffnet sich vor euch wie eine Theaterkulisse die Piazza Santa Croce mit der prachtvollen Franziskanerkirche ⑮ Santa Croce ➤ S. 53. Wenn ihr dort vorbeischauen wollt, wo der König von Marokko und der englische Adel Stammkunden sind, geht zur Lederwerkstatt ⑯ Scuola del Cuoio ➤ S. 87. Relativ nah wartet nun die stadtbekannte Pizzeria ⑰ Caffè Italiano *(Via Isola delle Stinche 11r | caffeitaliano.it),* um sich vor einem Besuch im historischen Logentheater ⑱ Teatro Verdi ➤ S. 104 zu stärken.

⑭ Vivoli
⑮ Santa Croce
⑯ Scuola del Cuoio
⑰ Caffè Italiano
⑱ Teatro Verdi

❷ BRÜCKEN, PALÄSTE UND GÄRTEN … UND RAUS AUS DER STADT

- Durchs Kunsthandwerkerviertel auf die Hügel und zurück
- Das grüne Florenz entdecken
- Perspektivenwechsel – auf die Dächer der Stadt schauen

Start: Ponte Vecchio
Ziel: Ponte Vecchio
Strecke: 8 km
Dauer: 5 Stunden, reine Gehzeit: 2 ½ Stunden

Achtung: ❹ **Giardino Torrigiani:** nur mit Voranmeldung zu besuchen.
Wer mag, kann die Hügelstraße ab Porta Romana auch vom Bus (Linie 12) aus genießen.

AUF DIE ANDERE SEITE DES ARNO

Die Tour startet an einem Wahrzeichen von Florenz, dem ❶ Ponte Vecchio ➤ S. 28. Genießt den Blick in beide Richtungen des Flusses. *Auf der Via Guicciardini* erreicht ihr in Kürze den mächtigen ❷ Palazzo Pitti ➤ S. 57, einst Residenz der toskanischen Großherzöge, in dem heute mehrere Museen und Galerien untergebracht sind. Auf dem Platz davor kann man perfekt die

❶ Ponte Vecchio
❷ Palazzo Pitti

❸ Caffé Pitti

❹ Giardino Torrigiani

❺ Porta Romana

❻ Viale Niccolò Machiavelli

❼ Viale Galileo Galilei

Atmosphäre genießen oder im ❸ **Caffé Pitti** *(caffepitti.it)* einen Cappuccino trinken. Nach rund 200 m biegt ihr *rechts in die Via del Campuccio* ein, eine kleine, ruhige Gasse, die quer durch das Kunsthandwerkerviertel *San Frediano* zur *Piazza Tasso* führt. ❹ **Giardino Torrigiani** *(Eintritt 25 Euro | Eingang Via de Serragli 144 | Tel. 0 55 22 45 27 | giardinotorrigiani.it)* ist der größte private Garten innerhalb der Stadtmauern in ganz Europa. Nur mit Voranmeldung könnt ihr ihn in Gruppen von mindestens vier Personen besichtigen besichtigen. Von der Piazza Tasso geht ihr an der alten Stadtmauer entlang bis zur schönen ❺ **Porta Romana**.

IN WEITEN BÖGEN DEN HÜGEL HINAUF

Von hier führt der baumgesäumte ❻ **Viale Niccolò Machiavelli** vorbei an Gärten und Villen *bis zum Piazzale Galileo* mit dem Hotel Kraft, auch Sitz des Schweizer Honorarkonsulats. Weiter geht es den ❼ **Viale Galileo Galilei** entlang mit seinen schönen Kastanienbäumen am Restaurant *Châlet Fontana (Di–So | Viale Galileo Galilei 7 | chalet-fontana.it | €€)* vorbei. Von dieser habt ihr eine wunderschöne Aussicht: auf das Forte di Belvede-

Palazzo Pitti: Drinnen wartet große Kunst, draußen der hügelige Giardino di Boboli

re und die östlich der Stadt gelegenen Hügel von San Domenico und Fiesole. Irgendwann erspäht ihr rechts die Kirche ❽ **San Miniato al Monte** ➤ S. 61. Nutzt die Gelegenheit zur Besichtigung dieser wunderschönen Kirche. Auch der Friedhof, der **Cimitero delle Porte Sante**, hat eine besondere Atmosphäre. Hier liegen viele verdiente Florentiner Bürger begraben, u. a. auch der Schöpfer des bekannten Pinocchio, Carlo Collodi. In der alten *Klosterapotheke (tgl. 10–12.15 und 16–18 Uhr)* bekommt man Kräuterliköre, Kerzen und andere Mitbringsel.

❽ San Miniato al Monte

INSIDER-TIPP
Alchemie von den Mönchen

DIE POSTKARTENAUSSICHT

Von San Miniato ist es nicht weit bis zum großen Aussichtsplatz ❾ **Piazzale Michelangelo** ➤ S. 60. Hier liegt euch Florenz nun wahrlich zu Füßen! Der perfekte Ort für ein Panoramafoto. Am linken Ende vom Piazzale liegt eine kleine Bar mit Aussichtsterrasse für eine Erfrischung. Ansonsten könnt ihr unterhalb des Piazzale gemütlich durch den ❿ **Giardino delle Rose** ➤ S. 60 schlendern und dort auf den kleinen Wiesen ein Päuschen einlegen. Von hier geht ihr anschließend den

❾ Piazzale Michelangelo

❿ Giardino delle Rose

⑪ Porta San Niccolò

⑫ Chiesa Evangelica Luterana

⑬ Golden View Open Bar

① Ponte Vecchio

hübschen und ruhigen *Viale Poggi hinunter.* Die serpentinenreiche Terrassenstraße endet am ehemaligen Stadttor ⑪ **Porta San Niccolò**. *Hier geht's nach links,* und schon bald sieht man auf der gegenüberliegenden Flussseite den großen Bau der Nationalbibliothek. Nach der nächsten Brücke steht links die kleine ⑫ **Chiesa Evangelica Luterana** *(Gottesdienst So 10 bzw. 11 Uhr, meist zweisprachig)*, Ende des 19. Jhs. für die evangelische Gemeinde erbaut. bei ihrer Einweihung war sogar Kaiser Wilhelm II. anwesend. Am gegenüberliegenden Ufer werden jetzt die Arkaden des Piazzale degli Uffizi sichtbar, und man kann den Verlauf des Corridoio Vasariano ➤ S. 29 sehen, der sich von dort über den Ponte Vecchio bis zum Palazzo Pitti hinzieht. Wenige Meter weiter *an der Piazza Santa Maria Sopr'Arno* liegt direkt am Fluss die ⑬ **Golden View Open Bar** *(Mi–So 12–15, 18.30–23 Uhr | Via dei Bardi 58r | Tel. 0 55 21 45 02 | goldenview.it)*. Ideal, um die Tour in unmittelbarer Nähe zum ① **Ponte Vecchio** ausklingen zu lassen.

Der Mönch, der Maler war: Fra Angelico schuf die Fresken des Klosters San Marco

3 IM ZICKZACK DURCHS GRÜNE – AUFWÄRTS ZU HEILIGEN ORTEN

- Mit dem Bus hoch ins Etruskerstädtchen
- Klosterruhe in Fiesole und San Domenico genießen
- Schönster Nebeneffekt: phantastische Aussicht auf Florenz

Hauptbahnhof

Perseus Fiesolano

8,2 km

1 Tag, reine Geh-/Fahrzeit: 1½ Stunden

Es ist nicht weit: Die reine Fahrzeit nach Fiesole beträgt nur knapp 30 Minuten.

ZUM MALERMÖNCH UND DER EUROPA-UNI

Mit dem Bus Nr. 7 geht es ab 1 Hauptbahnhof erst kurz durch die Stadt und dann bergauf, mit Blick auf Villen, Gärten und Olivenhaine. *Auf halber Höhe erreicht man den Ort* San Domenico, eine Ansammlung von Häusern um den Klosterkomplex 2 San Domenico mit einer Kirche vom Anfang des 15. Jhs. Aussteigen lohnt sich, denn in diesem Kloster lebte und arbeitete der Malermönch Fra' Angelico, bevor er von Cosimo de' Medici nach Florenz berufen wurde, um in den Zellen von San Marco weiterzumalen. Hier oben ist noch heute in der ersten linken Kapelle sein großes Altarbild zu sehen und im Kloster selbst ein Kreuzigungskruzifix. *Gleich gegenüber der Kirche führt eine schmale Straße steil bergab. Aber schon nach ein paar Metern seht ihr links die* 3 Badia Fiesolana *(Mo–Fr 8–19 Uhr)*, eine beeindruckende romanische Kirche, die bis 1026 der Dom von Fiesole war. Heute sitzt da in feinstem Ambiente die Europa-Universität *(eui.eu)*. Mit dem Bus geht es dann im Zickzack *die Panoramastraße weiter rauf.* Man sieht jetzt über die ganze Stadt, im Süden bis ins Chianti und im Osten bis zum Pratomagno, auf dessen Kuppen im Frühjahr manchmal noch Schnee liegt. *Nach einer scharfen Kurve zeigt sich rechts oben am*

1 Hauptbahnhof

2 San Domenico

3 Badia Fiesolana

4 Fiesole

Hang die Loggia der Villa San Michele. Am Entwurf des früheren Klosters war Michelangelo beteiligt. Die Lage ist unbezahlbar, das Hotel leider auch. *Noch eine letzte Kurve, und der Bus hält auf der Piazza von* 4 Fiesole. Endstation!

5 Cattedrale di San Romolo

6 Priesterseminar

7 Palazzo Vescovile

IM ETRUSKERSTÄDTCHEN: FIESOLE

Vor euch steht, unübersehbar und mächtig die 1028–58 gebaute 5 Cattedrale di San Romolo *(tgl. 8–18, im Winter bis 17 Uhr)*. Auch recht stattlich: das 6 Priesterseminar im Nordwesten des Platzes. Daneben wirkt der 7 Palazzo Vescovile (erzbischöflicher Palast) trotz seiner schönen Freitreppe und den exotischen Palmen fast schmächtig. *Zwischen Priesterseminar und Palazzo führt eine steile Straße auf zum* ❽ **Kloster San Francesco** *(Mo–Sa 9 Uhr bis Sonnenuntergang)* von 1330. An diesem mit 345 m höchsten Punkt der Gegend erhob sich schon zu Zeiten der Etrusker und der Römer eine Akropolis.

INSIDER-TIPP
Erhaben hinabschauen

An klaren Tagen hat man von hier oben einen unglaublichen Rundblick über die ganze Stadt bis zu den Gebirgszügen der Apuanischen Alpen.

❽ Kloster San Francesco

Zurück zur Piazza. Boutiquen, Geschäfte mit gutem Kunsthandwerk, Lebensmitteln und Schuhen ziehen sich den Platz hinauf. *An höchster Stelle* steht neben der kleinen Kirche ❾ **Santa Maria Primerana** (16. Jh.) das wappengeschmückte ❿ **Rathaus**, davor ein Reiterstandbild mit Vittorio Emanuele II. und Garibaldi. Dann am besten essen gehen bei ⓫ **Vinandro** *(tgl. | Piazza Mino da Fiesole 33 | Tel. 05 55 91 21 | €–€€)*.

❾ Santa Maria Primerana

❿ Rathaus

⓫ Vinandro

Schön, auch ohne viel Prunk: Fiesoles romanische Cattedrale di San Romolo

⑫ Area Archeologica

⑬ Museo Bandini

RÖMISCHE RUINEN UND MEHR

An der Apsis des Doms vorbei kommt man zur schön gelegenen ㉓ **Area Archeologica** *(Nov.–Feb. Mi–Mo 10–15, März und Okt. tgl. 10–18, April–Sept. tgl. 10–19 Uhr | Eintritt 7 Euro, Sammelticket mit Museo Bandini und Museo Archeologico 12 Euro | museidifiesole.it)*. Zeit für eine Erholungspause im Grünen, aber mit Kulturzuschlag! Auf diesem Parkareal wurden bedeutende Zeugnisse aus etruskischer und römischer Zeit freigelegt, darunter Tempel- und Thermenanlagen. Das großartige **Teatro Romano** ist heute noch der ideale Ort für die sommerlichen Theater- und Ballettaufführungen der **Estate Fiesolana** ➤ S. 111. Sehenswert sind auch die in diesem Gebiet gemachten Funde, die im angeschlossenen Museum ausgestellt sind.

Gegenüber vom Eingang der Area Archeologica liegt das ⑬ **Museo Bandini** *(Fr–So, Nov.–Feb. 10–15, März und Okt. 10–18, April–Sept. 9–19 Uhr | Eintritt 5 Euro, Sammelticket für Area Archeologica und Museum 12 Euro | museidifiesole.it)* mit einer kleinen, aber guten Sammlung von Werken Florentiner Künstler des

Teatro Romano. Hier dient die Landschaft als Bühnenbild – nicht schlecht, oder?

13.–15. Jhs. Das war's mit Kultur! Eine saftige *bistecca alla fiorentina* im Restaurant ⑭ Perseus Fiesolano *(So nur mittags | Piazza Mino da Fiesole 9 | Tel. 05 55 91 43 | casatrattoria.com | €€)* hat man sich jetzt ehrlich verdient! Im Sommer auch draußen im netten Garten.

⑭ Perseus Fiesolano

④ SHOPPEN UND FUTTERN – EINMAL QUER DURCH DIE STADT

- Öl, Kermamik, Wein & Co. – alles, was das Herz begehrt
- Über den Borgo, vorbei an Synagoge und Stadttor
- Wo die Florentiner kaufen

Start: Piazza della Repubblica
Ziel: Piazza Beccaria
Strecke: 4,3 km
Dauer: 1/2 Tag, reine Gehzeit 1 Stunde

Info: Sowohl der ⑦ **Mercato di Sant'Ambrogio** als auch der nahe Trippaio-Stand sind am Sonntag geschlossen.

SHOPPEN MIT KLASSISCHER MUSIK

Alles beginnt in Florenz auf der ① Piazza della Repubblica. Dann *durch die quirlige Via del Corso, vorbei an der kleinen Kirche* ② Santa Maria de'Ricci aus dem frühen 16. Jh., aus der oft klassische Musik tönt und wo ihr kurz reinhören könnt. Shoppen geht hier rechts und links in kleinen Boutiquen und Enotheken. Fabriano *(Via del Corso 59)* führt beste Schreibartikel, und Feinschmecker bekommen in der Galleria del Chianti *(Via del Corso 41)* gute Weine, Olivenöl und noch viel mehr. *Spaziert dann einfach geradeaus weiter durch den schattigen Borgo degli Albizi,* vorbei am pompösen Palazzo Ramirez Montalvo, in dem das renommierte Auktionshaus Pandolfini sitzt. Die großen florentinischen Familien hatten früher alle ihre Geschlechtertürme. An der Piazza San Pier Maggiore steht noch einer, der ③ Torre

① Piazza della Repubblica

② Santa Maria de'Ricci

③ Torre dei Donati

4 Sapori Toscani

5 Sbigoli Terrecotte

6 Vestri

dei Donati aus dem 13. Jh., heute Unesco-Welterbe. Oben drin arbeitete früher der „Maler der Könige" Pietro Annigoni (1910–88). Bei 4 **Sapori Toscani** (Borgo degli Albizi 31r) könnt ihr euch mit leckerem toskanischen Streetfood oder einem Bio-Panino stärken. könnt ihr schon mal ein *panini* verspeisen oder diverse Delikatessen kaufen. Mögt ihr Keramik? Dann macht am besten einen *Schlenker nach links durch die niedrige Volta di San Piero* zu 5 **Sbigoli Terrecotte** ➤ S. 86. An der Piazza Salvemini ist 6 **Vestri** – perfekt für Schokoladenfans.

7 Mercato di Sant'Ambrogio

8 Sinagoga

In der Via Pietrapiana wird's langsam ruhiger, und vielleicht habt ihr Hunger? Ein Stück weiter in der alten Markthalle des 7 **Mercato di Sant'Ambrogio** ➤ S. 89 gibt es bei **Rocco** was zu essen, oder ihr probiert am *Büdchen der Familie Pollini* auf der Piazza Sant'Ambrogio mal *lampredotto* (Labmagen) oder *trippa* (Kutteln). Die Florentiner lieben es. Danach ist ein Blick in die jüdische Vergangenheit der Stadt interessant. Links seht ihr die grüne Kupferkuppel der 8 **Sinagoga** ➤ S. 63, gut erreichbar *über die Via dei Pilastri/Via Farini. Zurück zur Einkaufszeile.* Es wird jetzt immer untouristischer und bürgerlicher. Die Straße mit den vielen kleinen Geschäften heißt jetzt *Borgo La Croce und führt direkt zur Piazza Beccaria* mit ihrem alten Stadttor. *Bevor ihr über den Platz geht, solltet ihr kurz auf der rechten Seite zu-*

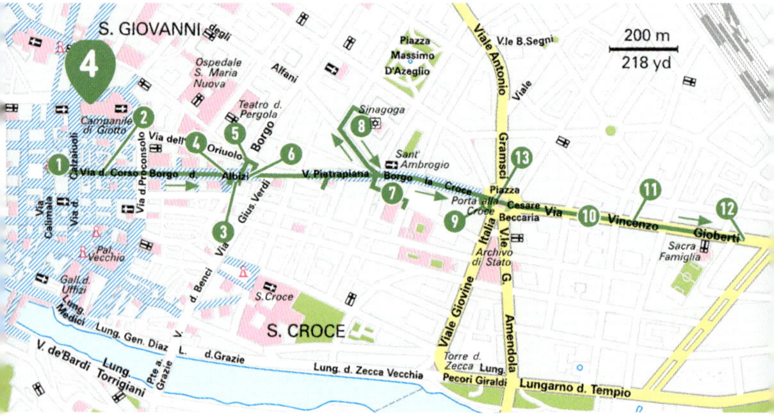

Die Florentiner Küche erleben, riechen und schmecken: Mercato di Sant'Ambrogio

mindest einen Blick in die Konditorei ⑨ **Dolci e Dolcezze** *(Di–Sa 8.30–19.30, So 9–13 Uhr | Piazza Beccaria 8r)* werfen. Vielleicht ist ja noch Platz für was Süßes.

⑨ Dolci e Dolcezze

Weiter geht's auf der anderen Seite der Piazza in der Via Gioberti, einer alten kleinen Einkaufsstraße des Florentiner Bürgertums. Hier ist wirklich alles vereint – Schlachter neben Juwelieren, Boutiquen, Fischhändler, Buchhandlungen, Bäcker, Supermarkt, alles da. Und dazwischen ein paar Bars und Trattorien. Florentiner aus der ganzen Stadt zieht es aber vor allem wegen drei gastronomischer Einrichtungen hierher: dem Bistrot ⑩ **La Cocotte** *(Mo–Sa 10.30–19 Uhr | Via Gioberti 91r | lacocotte.org | €€)*, wo nur mit Zutaten aus der Toskana gearbeitet wird, der ⑪ **Enoteca Bonatti** ➤ S. 84, einer sehr gut sortierten Weinhandlung, und dem ⑫ **Il Palagiaccio** *(Di–Sa 8–13, 15–19.30 Uhr | Via Gioberti 9r | palagiaccio.com)*, bekannt für erstklassige Milchprodukte (Käse, Ricotta, Mozzarella) aus dem Mugello. *Zurück an der* ⑬ **Piazza Beccaria** bringt euch der Elektrobus C2 wieder ins Zentrum.

⑩ La Cocotte

⑪ Enoteca Bonatti

⑫ Il Palagiaccio

⑬ Piazza Beccaria

GUT ZU WISSEN

DIE BASICS FÜR DEINEN STÄDTETRIP

ANKOMMEN

Adapter Typ L

Eigentlich nicht mehr nötig, da inzwischen fast überall Eurosteckdosen üblich sind, aber in einfacheren Hotels gibt es manchmal noch die älteren Dreifachsteckdosen.

ANREISE

Mit dem Auto über die Brennerautobahn E 45 (Brenner–Verona–Modena–Bologna), die Gotthardautobahn E 35 (Lugano–Mailand–Bologna) oder den San-Bernardino (weniger befahren). Fahrt erst bei Firenze-Certosa raus. Da ist weniger Verkehr, und ihr kommt über den Piazzale Michelangelo runter in die Stadt *(centro).*

Mit dem Zug über die Schweiz oder Österreich. Ankunft am Hauptbahnhof *Santa Maria Novella* im Zentrum. Von den Bahnhöfen *Campo di Marte* oder *Rifredi* pendeln Züge zum Hauptbahnhof.

Vom Flughafen *Amerigo Vespucci* Tramvia T2 bis Hauptbahnhof (Stazione Alamanni oder Unitá). Bis jetzt kostet das Ticket 1,50 Euro (eine Extragebühr für das Flughafenticket von 4,50 Euro wird derzeit diskutiert).

Mit Easyjet und Ryanair kommt ihr günstig nach Pisa zum *Aeroporto Galileo Galilei.* Von dort verkehren Direktzüge zum Florentiner Bahnhof *(Fahrzeit ca. 80 Min. | 13,90 Euro.* Es fahren auch immer wieder Busse *(getbybus.com),* aber die Busgesellschaften wechseln ständig, und öfter fällt auch ein Bus aus. Am einfachsten reist ihr definitiv mit dem Zug!

Ryanair landet auch in Bologna. Vom Hauptbahnhof ist man mit dem

Touristenziel Nr. 1: Ponte Vecchio

Schnellzug *(trenitalia.it, italotreno.it)* in knapp 40 Min. in Florenz. Alternativ könnt ihr euch in ca. 90 Min. für 20 Euro mit dem *Appennino-Bus (appenninoshuttle.it)* direkt vom Flughafen nach Florenz shutteln lassen.

AUSKUNFT VOR DER REISE

Die offizielle Auskunftstelle für Florenz ist die *Italienische Zentrale für Tourismus Enit*. Infomaterial oder Prospekte könnt ihr unter *enit.de* bzw. *enit.at* anschauen oder auch als PDF runterladen.

MOBIL SEIN

AUTO/MIETWAGEN

Achtung Autofahrer! Florenz erkundet man am besten nicht mit dem Auto. Denn: Die Innenstadt *(Zona ZTL)* ist ganzjährig Mo–Fr 7.30–20, Sa bis 16, sowie April–Okt. auch Do/Fr 7.30–3, Sa 7.30–16 und 23–3 Uhr nicht befahrbar, das variiert auch noch von Viertel zu Viertel. Das Missachten der Regeln wird teuer, und die Strafzettel kommen leider zu Hause an. Logiert ihr im Zentrum, lasst euch im Voraus vom Hotel eine schriftliche Genehmigung ausstellen oder fragt bei der *Polizia Municipale* (Vorsicht: kompliziert!). Erkennbar ist die ZTL an einer Art Ampel mit rotem oder grünem Licht (bei Grün darf man reinfahren). In vielen Straßen der Außenbezirke dürfen nur Anwohner parken. Dort bekommt man normale Strafzettel, an Tagen der Straßenreinigung *(pulizia stradale)* werdet ihr abgeschleppt und könnt nach Zahlung einer beträchtlichen Summe am nächsten Tag euer Auto in der außerhalb gelegenen (!) *Via Allende 18/20 (Tel. 05 54 22 41 42)* abholen. Allgemein gilt: Blau markierte Parkplätze sind kostenpflichtig (Parkautomat), weiß markierte nur für Anwohner!

Es gibt viele Parkplätze und Parkhäuser in Florenz, die Preise liegen normalerweise zwischen 1,50 und 2 Euro für die erste Stunde, für jede weitere Stunde wird es teurer (bis zu 8 Euro). Die meisten Parkhäuser haben die Tagestickets abgeschafft, man bezahlt stundenweise. Infos unter *firenzeparcheggi.it.* oder auf der guten deutschen Website *toskana-magazin.de.*

Durchgehend geöffnete Parkplätze sind bei der Porta Romana/Oltrarno *(D6–7).* Große, 24 Std. geöffnete Tiefgaragen am Rande der Innenstadt (außerhalb Zona ZTL): *Parcheggio Parterre (Einfahrt Via del Ponte Rosso | G2), Parcheggio Stazione Fortezza Fiera (Einfahrt Piazzale Caduti dei Lager | E3), Parcheggio Beccaria (H–J5).* Noch zentraler: Tiefgaragen am *Hauptbahnhof (Einfahrt Via Alamanni | a1),* am *Mercato Centrale (Einfahrt von der Piazza | b1)* und bei der *Stazione Leopolda (D4).*

GRÜN & FAIR REISEN

Du willst beim Reisen deine CO_2-Bilanz im Hinterkopf behalten? Dann kannst du deine Emissionen kompensieren *(atmosfair.de; myclimate.org),* deine Route umweltgerecht planen *(routerank.com)* oder auf Natur und Kultur *(gate-tourismus.de)* achten. Mehr über ökologischen Tourismus erfährst du hier: *oete.de* (europaweit) sowie *germanwatch.org* (weltweit).

An Tankstellen *(Mo–Fr 7.30–12.30 und 15/15.30–19.30 Uhr)* ist oft Selbstbedienung, und außerhalb der Öffnungszeiten muss man sich mit komplizierten Automaten rumschlagen.

Mietwagen am besten schon von Deutschland aus reservieren. Fast alle großen Firmen haben Filialen in Florenz, z. B. *Avis (Borgo Ognissanti 128r | Tel. 34 73 74 09 14 | avisautonoleggio.it | E5)* und *Knowleggi (Borgo Ognissanti 133r | Tel. 05 50 51 70 62 | knowleggi.it | E4).* Preise vergleichen könnt ihr bei *doyouitaly.com.*

Oder ihr probiert's mit Carsharing: *TiMove (ab 0,25 Euro/Min | timove.com)* oder *Enjoy (0,29 Euro/Min. oder 49 Euro/Tag | enjoy.eni.com).*

Pannenhilfe: *Tel. 80 31 16* (bei ausländischen Mobilfunknummern: *Tel. 8 00 11 68 00).*

FAHRRAD & VESPA

Bikesharing: einfach die App *RideMovi* downloaden, das nächste Fahrrad orten und mit dem QR-Code freischalten. Die orangefarbenen Räder stehen überall (es funktionieren nur leider nicht alle!), und man kann sie an jeder beliebigen Stelle in der Stadt wieder abstellen. Es gibt auch E-Bikes, die gar nicht so übel sind, die normalen sind definitiv kein Fahrvergnügen, aber man ist schneller als zu Fuß. Standardräder kosten 1,25 Euro für 20 Min., E-Bikes 24 Cent/Min.

Auch E-Roller können geliehen werden (1 Euro fürs Freischalten, dann 15 Cent pro Minute), z.B. über die App von bitmobility.it. Ansonsten vermietet *Florence by bike (tgl. 9–13 und 15.30–19.30 Uhr | Via San Zanobi 54r |*

Tel. 0554889 92 | florencebybike.it | (▯ F3) verschiedene Radtypen. Preisbeispiel: Citybike 12 Euro/Tag, E-Bike 29 Euro/Tag.
Wollt ihr das wahre Florenz-Feeling? Dann mietet eine ⚑ Vespa, Florenz hat die meisten Italiens – ab 60 Euro/Tag bei *Vesparental (April–Okt. tgl. 10– 15 Uhr, Nov.–März So geschl., Dez.–Feb. nur nach tel. Vereinbarung | Via Il Prato 50r | Tel. 055385045 | vesparental.eu | (▯ D4)*.

ÖFFENTLICHE VERKEHRSMITTEL
Fahrkarten gelten für Bus und Straßenbahn (erhältlich in Tabakläden, an Ticketschaltern am Bahnhof oder Automaten an Tramstationen). Nützliche Infos zu Preisen, Abfahrtszeiten, Routen und Ticketverkaufsstellen (sichtbar auf Google Maps) findet ihr auf *at-bus.it* (Infos auch auf Englisch). Ein Ticket für 90 Min. *(urbano capoluogo)* kostet 1,50 Euro, entwerten müsst ihr dann in Bus/Tram. Schwarzfahren wird mit bis zu 200 Euro bestraft! Kinder bis zu 1 m Größe fahren gratis. Wer bei einem italienischen Netzbetreiber ist, kann einfach eine SMS mit dem Text „FIRENZE" an *Tel. 4880105* schicken und bekommt schnell und unkompliziert sein E-Ticket (die SMS-Gebühr kommt zum Standardpreis dazu).
Die Tramlinie T1 fährt vom Krankenhaus Careggi über den Hauptbahnhof nach Scandicci. Die T2 fährt vom Hauptbahnhof über das Universitätsviertel in Novoli zum Flughafen.

TAXI
In Florenz ist es fast unmöglich, ein Taxi auf der Straße anzuhalten. Entweder ihr ruft es per Telefon *(Tel. 0554242, 0554390)* oder geht zu einem Taxistand, z. B. *Hauptbahnhof (▯ a1), Piazza della Libertà (▯ G2), Piazza della Repubblica (▯ b3), Piazza San Marco (▯ c1), Piazza Santa Maria Novella (▯ a2)* und *Porta Romana (▯ D7)*. Der Mindesttarif für ein am Stand bestiegenes Taxi ist 3,30 Euro, für ein telefonisch gerufenes Taxi 5,30 Euro. Ab 22 Uhr wird es teurer (Mindesttarif 6,60 Euro), auch an Sonn- und Feiertagen bezahlt ihr mehr (Mindesttarif 5,30 Euro), zudem wird für jedes Kofferraumgepäckstück ein Aufschlag berechnet.

VOR ORT

AUSKUNFT IN FLORENZ
Feelflorence.it (auch als App): Das neue offizielle Portal der Stadt informiert wirklich gut über aktuelle Veranstaltungen, Museen, Festivals, hilft bei der Quartier- und Parkplatzsuche und bietet einen umfassenden Überblick über alles, was in der Stadt so los ist – auch auf Deutsch.
Broschüren, Stadtpläne oder Hotelreservierungen bei den *Infopoints: Piazza Stazione 4 (Mo–Sa 9–19, So 9–14 Uhr | Tel. 055000 | (▯ a1), Borgo Santa Croce 29r (Mo–Sa 9–19, So 9–14 Uhr | Tel. 0552691207 | (▯ d4), Via Cavour 1r (Mo–Fr 9–13 Uhr | Tel. 055290832 | (▯ c1), Aeroporto Amerigo Vespucci/Ankunftshalle (tgl. 9–19 Uhr | Tel. 0553158 74)*.
Für Veranstaltungstipps gibt es die Hefte *Informacittà (informacitta.net)*,

Firenze Today (firenzetoday.it) oder *Firenze Spettacolo (firenzespettacolo.it).* Gut und auf Englisch ist *The Florentine (theflorentine.net)* mit Events, Kultur, Restauranttipps und News oder alternativ *Visit Florence (visitflorence.com).*

FEIERTAGE

1. Januar	Neujahr
6. Januar	Dreikönigsfest
März/April	Ostersonntag/-montag
25. April	Tag der Befreiung vom Faschismus
1. Mai	Tag der Arbeit
2. Juni	Tag der Republik
24. Juni	Tag des Stadtpatrons
15. Aug.	Mariä Himmelfahrt
1. Nov.	Allerheiligen
8. Dez.	Mariä Empfängnis
25./26. Dez.	Weihnachten

FIRENZE CARD

Wirklich praktisch! Für 85 Euro könnt ihr euch einmaligen Eintritt zu allen wichtigen Museen verschaffen ohne lästiges Schlangestehen. Einfach zur Kasse *(Fast Track Line),* Karte zeigen, reingehen. Die Karte gibt's online oder an verschiedenen Verkaufsstellen (Infos auf der übersichtlichen Seite *firenzecard.it*), und ist vom ersten Gebrauch an für 72 Stunden gültig. Pro Karte darf ein Minderjähriger der Familie gratis mit, und für 7 Euro extra könnt ihr auch die öffentlichen Verkehrsmittel nutzen.

FUSSBALL

Wer auch im Urlaub nicht ohne Fußball auskommt, kann sich die Heimspiele der Fußballmannschaft *A. C. F. Fiorentina (fiorentina.it)* ansehen. Tickets an den offiziellen Vorverkaufsstellen direkt am *Stadio Comunale Artemio Franchi (Mo–Fr 10–18 oder vor Spielbeginn | Via dei Sette Santi 28r/ Via Dupré | Tel. 055 57 12 59 | K3).* Wichtig: Aus Sicherheitsgründen gibt es Tickets nur gegen Vorlage des Personalausweises!

INTERNET & WLAN

WLAN haben natürlich fast alle Hotels, Bars und Restaurants. Auch die Stadt bietet kostenlosen Internetzugang. Einloggen unter „Firenze WiFi". Sollte sich nichts tun, *ansa.it* oder *italia.it* eingeben, über Google geht es nicht. Zum Schluss grünen Button *naviga libero/free internet* drücken, und es müsste klappen. In der ganzen Stadt gibt es außerdem viele kostenlose Hotspots.

MUSEEN

Sparen beim Museumseintritt: Alle EU-Besucher unter 25 Jahren zahlen in den staatlichen Museen der Stadt einen ermäßigten Preis. Unter 18 ist der Eintritt sogar ganz frei (Ausweis nicht vergessen!).

INSIDER-TIPP **Gratis ins Museum**

Glück auch für diejenigen, die außerhalb der Hauptsaison nach Florenz reisen: Alle staatlichen Museen öffnen von Oktober bis März am ersten Sonntag des Monats zur *Domenica al Museo* kostenlos ihre Türen, darunter auch die Uffizien, der Palazzo Pitti, die Galleria dell'Accademia, die Cappelle Medicee oder die etwas außerhalb gelegenen Medici-Villen Castello und Petraia. Im Frühling ist der Eintritt sogar eine Woche lang anlässlich der

Settimana dei Musei frei. Den exakten Termin erfahrt ihr unter *imuseidifirenze.it/musei-gratis-firenze*.

ÖFFNUNGSZEITEN

Direkt im Zentrum sind die meisten Geschäfte sieben Tage die Woche 9.30–20 Uhr geöffnet, ansonsten 9.30–13 und 16–19 Uhr. Das kann allerdings variieren. In Restaurants wird normalerweise 12.30–14.30 und 19.30–22.30 gekocht, nur wenige haben durchgängig geöffnet.

RECHNUNGEN & BELEGE

Alle Rechnungen und Belege – selbst der Bon für einen *caffè* oder ein Glas Wasser an der Bar – müssen mindestens 100 m mitgeführt werden. Das soll Steuerbetrug verhindern.
Hinweis fürs Luxusshoppen: Bar bezahlt werden darf nur bis 999,99 Euro.

SICHERHEIT

Florenz ist relativ sicher. In Bahnhofsnähe wird jedoch sehr viel geklaut. Daher auf Gepäck (vor allem Taschen und Rucksäcke) aufpassen.

STADTTOUREN

Hop on – hop off! Nette Tour mit vielen Ein- und Ausstiegsmöglichkeiten und im Sommer mit frischem Wind um die Nase bietet der Bus von *City-Sightseeing Firenze (Ticket 23 Euro/24 Std., Kinder bis 4 Jahre gratis, bis 15 Jahre ermäßigt | city-sightseeing.it/it/firenze)*. Angeboten werden zwei verschiedene Routen (die Linea B wurde wegen der Coronakrise vorübergehend eingestellt), die quer durch die Stadt bis hinauf auf die grünen Hügel führen. Die Busse verkehren im 30- bis 60-minütigen Rhythmus. Audioguides geben Erklärungen in acht Sprachen. Tickets und Pläne gibt's direkt im Bus oder im Hotel.

WAS KOSTET WIE VIEL?

Eis	ab 2 Euro *für eine Portion mit zwei Sorten*
Espresso	1,20 Euro *für eine Tasse Espresso an der Stehbar*
Snack	ab 8 Euro *für einen Mittagsteller in der Bar*
Busfahrt	1,50 Euro *für eine Fahrkarte mit 90 Min. Gültigkeit*
Mobike	1,25 Euro *für 20 Min. Fahrt (E-Bikes 24 Cent pro Minute)*
Flughafentransfer	ca. 25 Euro *für ein Taxi in die City plus Gepäckzuschlag*

Die Sparvariante geht auch mit dem *Elektrobus C3 (Standardticket 1,50 Euro)*. Der fährt durch die kleinen Gassen der Altstadt und bringt euch auch rüber auf die andere Seite des Arno.
Individuelle Sig htseeingtouren für Einzelpersonen und Gruppen (teilweise auch auf Deutsch) muss man reservieren, z. B. bei *Florence and Tuscany*

Tours (Via della Condotta 12 | Tel. 0 55 21 03 01 | florenceandtuscany tours.com | mobil 34 93 16 46 77), Art Viva Walking Tours (Via dei Sassetti 1 | Tel. 32 96 13 27 30 | artviva.com) oder mit dem Rad bei *I bike Florence (Via de'Lamberti 1 | Tel. 0 55 28 11 03 | ibikeflorence.com).* Ein individuelles Programm gestalten euch professionelle Stadtführerinnen wie *Susanna Probst (mobil 32 74 58 37 99).*

TELEFON & HANDY

Roaminggebühren fallen im europäischen Ausland weg, Telefonieren ist also in Italien genauso teuer wie in Deutschland/Österreich (Schweiz etwas teurer). Die Ortsvorwahl ist in Italien Bestandteil der Telefonnummer und muss immer (auch die Null!) mitgewählt werden. Vorwahl nach Italien *0039,* von Italien nach Deutschland *0049,* nach Österreich *0043,* in die Schweiz *0041.*

TICKETS & VORVERKAUF

Die Schlangen sind vor den Top-Sehenswürdigkeiten extrem lang. Aber über die Website von *Firenze Musei (firenzemusei.it)* sind Tickets auch online erhältlich (Aufschlag 1–4 Euro). Man wählt eine Zeitspanne und holt sich sein Ticket an einem Extra-Schalter. Auch das geht nicht ohne Anstehen, aber deutlich schneller.

TRINKGELD

Kann man geben, muss man aber nicht. In Restaurants sind bei guter Bedienung um die 10 Prozent trotzdem nett, in Bars, Kneipen, im Taxi oder beim Friseur gibt es von Florentinern normalerweise nichts. Begründung: Ist alles schon teuer genug!

UMWELTFREUNDLICH TRINKEN

Italien ist nicht gerade bekannt für sparsamen Plastikverbrauch, aber in Florenz kann man sich Trinkwasser (sogar mit Kohlensäure) aus städtischen Brunnen abfüllen und so auf auf Plastikflaschen verzichten. Zentral liegt der Brunnen auf der *Piazza della Signoria (▯ b3),* oder ihr sucht im Internet unter „Fontanelli a Firenze" nach der nächsten Quelle.

ZOLL

Kein Problem für EU-Reisende. Schweizer und alle Durchreisenden sollten nicht mehr als 5 l Öl oder Spirituosen (unter 18 Prozent), 1 l (über 18 Prozent) oder 250 Zigaretten dabeihaben (weitere Infos unter *ezv.admin.ch*).

NOTFÄLLE

APOTHEKEN

Zentral und rund um die Uhr geöffnet ist die *Farmacia Comunale No 13 (▯ a1)* im Hauptbahnhof, ebenso im Zentrum die *Farmacia Molteni (Via Calzaiuoli 7r | ▯ b3)* und die *Farmacia all'Insegna del Moro (Piazza S. Giovanni 20r | ▯ b2).*

DIEBSTAHL

Beklaut worden? Dann direkt zur Polizei oder zu den Carabinieri. Hauptsitz: *Borgo Ognissanti 48 (Tel. 05 52 76 61 | ▯ E5).*

DIPLOMATISCHE VERTRETUNGEN

Deutsches Honorarkonsulat *(Telefonzeiten: Mo–Do 9–10 und 14–15 Uhr, Fr 9–10 Uhr, nur nach Vereinbarung | Corso dei Tintori 3 | Tel. 05 52 34 35 43 | florenz@hk-diplo.de | d4)*

Österreichisches Honorarkonsulat *(Mo–Fr 10–12 Uhr | Lungarno Vespucci 58 | Tel. 05 52 65 42 22 | cons.austria@alpiworld.com | E5)*

Schweizer Honorarkonsulat *(Telefonzeiten: Di und Fr 16–17 Uhr, nur nach Vereinbarung | im Hotel Park Palace | Piazzale Galileo 5 | Tel. 0 55 22 24 34 | consolato@svizzera.it | F8)*

KRANKENHAUS

Für kleinere Probleme gibt es eine ärztliche Versorgung für Touristen direkt neben dem Dom bei der *Misericordia (Vicolo degli Adimari 1 | c2)*. Auch helfen die zumindest Englisch, eventuell auch Deutsch oder Französisch sprechenden Ärzte vom *Medical-Service (Via Roma 4 | Tel. 055 47 54 11 (nur mit telefonischer Voranmeldung) | medicalservice.firenze.it | b2)* sowie die Ärzte von *MedicoSubito (Via Bessi 2a | Scandicci | Tram T1 ab Hauptbahnhof, Haltestelle Resistenza | Tel. 055 71 11 11 | 0)*.

Krankenhäuser: Notfallaufnahme *(pronto soccorso)* im *Ospedale di Careggi (Viale Gaetano Pieraccini | Tel. 055 79 41 11 | 0)* und im *Ospedale Santa Maria Nuova (Piazza Santa Maria Nuova 1 | a2)*. Für Kinder zuständig ist das *Ospedale Meyer (Villa Ognissanti | Viale Pieraccini 24 | Careggi | Tel. 05 55 66 21 | 0)*.

NOTRUFE

Carabinieri (112);
Feuerwehr (115);
Polizei (Unfall) (113);
Notarzt (118)

WETTER IN FLORENZ

Hauptsaison
Nebensasion

	JAN.	FEB.	MÄRZ	APRIL	MAI	JUNI	JULI	AUG.	SEPT.	OKT.	NOV.	DEZ.
Tagestemperaturen	8°	10°	14°	19°	23°	28°	31°	30°	26°	19°	13°	9°
Nachttemperaturen	2°	3°	6°	9°	13°	16°	19°	19°	16°	12°	7°	3°
Sonnenschein Stunden/Tag	4	4	5	6	7	9	10	9	7	6	4	4
Niederschlag Tage/Monat	9	7	8	8	9	6	3	4	6	9	11	9

Sonnenschein Stunden/Tag
Niederschlag Tage/Monat

SPICKZETTEL ITALIENISCH

SMALLTALK

Ein Akzent steht im Italienischen nur, wenn die letzte Silbe betont wird. Ansonsten haben wir die Betonung durch einen Punkt unter dem betonten Vokal angegeben.

ja/nein/vielleicht	**sì/no/fọrse**
bitte/danke	**per favọre/grạzie**
Entschuldige!/Entschuldigen Sie!	**Scụsa!/Scụsi!**
Wie bitte?	**Cọme dịce?/Prẹgo?**
Gute(n) Morgen!/Tag!/Abend!/Nacht!	**Buọn giọrno!/Buọn giọrno!/Buọna sẹra!/Buọna nọtte!**
Hallo!/Tschüss!/Auf Wiedersehen!	**Cịao!/Cịao!/Arrivedẹrci!**
Ich heiße ...	**Mi chịamo ...**
Wie heißen Sie?/Wie heißt du?	**Cọme si chịama?/Cọme ti chịami?**
Ich möchte .../Haben Sie ...?	**Vorrẹi .../Avẹte ...?**
Das gefällt mir (nicht).	**(Non) mi pịace.**
gut/schlecht	**buọno/cattịvo**

ZEIGEBILDER

ESSEN & TRINKEN

Die Speisekarte, bitte.	**Il menù, per favọre.**
Flasche/Karaffe/Glas	**bottịglia/carạffa/bicchiẹre**
Messer/Gabel/Löffel	**coltẹllo/forchẹtta/cucchiạio**
Salz/Pfeffer/Zucker	**sạle/pẹpe/zụcchero**
Essig/Öl/Milch/Sahne/Zitrone	**acẹto/ọlio/lạtte/pạnna/limọne**
mit/ohne Eis/Kohlensäure	**con/sẹnza ghiạccio/gas**
kalt/versalzen/nicht gar	**frẹddo/trọppo salạto/non cọtto**
Vegetarier(in)/Allergie	**vegetariạno/vegetariạna/allergịa**
Ich möchte zahlen, bitte.	**Vorrẹi pagạre, per favọre.**
Rechnung/Quittung/Trinkgeld	**cọnto/ricevụta/mạncia**
bar/Kreditkarte	**in contạnti/cạrta di crẹdito**

NÜTZLICHES

Wo finde ich …?	**Dọve pọsso trovạre …?**
links/rechts/geradeaus	**sinịstra/dẹstra/drịtto**
Wie viel Uhr ist es?	**Che ọra è? Che ọre sọno?**
Es ist drei Uhr./Es ist halb vier.	**Sọno le tre./Sọno le tre e mẹzza.**
heute/morgen/gestern	**ọggi/domạni/iẹri**
Wie viel kostet …?	**Quạnto cọsta …?**
zu viel/viel/wenig/alles/nichts	**trọppo/mọlto/pọco/tụtto/niẹnte**
teuer/billig/Preis	**cạro/econọmico/prẹzzo**
Wo finde ich einen Internetzugang/ WLAN?	**Dọve trọvo un accẹsso ịnternet/ wi-fi?**
offen/geschlossen	**apẹrto/chiụso**
kaputt/funktioniert nicht	**guạsto/non funziọna**
Panne/Werkstatt	**guạsto/officịna**
Fahrplan/Fahrschein	**orạrio/bigliẹtto**
Zug/Gleis/Bahnsteig	**trẹno/binạrio/banchịna**
Hilfe!/Achtung!/Vorsicht!	**Aiụto!/Attenziọne!/Prudẹnza!**
Verbot/verboten/Gefahr/gefährlich	**diviẹto/vietạto/perịcolo/ pericolọso**
Apotheke	**farmacịa**
Fieber/Schmerzen	**fẹbbre/dolọri**
0/1/2/3/4/5/6/7/8/9/10/ 100/1000	**zẹro/ụno/dụe/tre/quạttro/cịnque / sẹi/sẹtte/ọtto/nọve/diẹci/cẹnto/ mịlle**

FLORENZ FEELING

ZUM EINSTIMMEN & AUSKLINGEN

LESESTOFF & FILMFUTTER

DAS WUNDER VON FLORENZ
Bei Ross King geht es um die wirklich unglaubliche Geschichte vom Bau der Domkuppel, es geht um Brunelleschi, seinen Kampf gegen Neider und Spötter, um Intrigen und andere Widrigkeiten. Ein Geschichtsbuch, aber geschrieben wie ein Thriller. (2014)

INFERNO
Spannend bis zur letzten Seite: Der vierte Dan-Brown-Krimi um den sympathischen Symbolforscher aus Harvard, Robert Langdon, spielt überwiegend in Florenz und bezieht so Orte und Persönlichkeiten der Stadt mit ein. (2013)

ZIMMER MIT AUSSICHT
Romantisch: James Ivorys Verfilmung der um 1900 spielenden Liebesgeschichte zwischen der wohlerzogenen Miss Honeychurch und dem exzentrischen, aber attraktiven jungen George erhielt drei Oscars – gedreht u.a. an der Piazza della Signoria. (1986)

TEE MIT MUSSOLINI
Mit beißendem Humor gespickt: Seine autobiografische Tragikomödie über das Schicksal englischer „Florentiner" bei Kriegsende drehte Franco Zeffirelli in der Innenstadt und über den Hügeln von Florenz. (1999)

PLAYLIST QUERBEET

0:58

IRENE GRANDI – BRUCI LA CITTÁ
Mit Liedern wie „Bruci la cittá" hat die in Florenz geborene Irene Grandi die italienische Popmusik der letzten 20 Jahre mitbestimmt.

I RAGGAZZI SCIMMIA – UN PEZZO IN FA
Auch aus Florenz, wilder Rock-Jazz-Balkan-Punk-Mix. Im Video kann man dem Sänger beim Spaziergang durch die Stadt zusehen.

LITFIBA – GIOCONDA
Die 1980 in Florenz gegründete Band hat die Rockszene von ganz Italien beeinflusst.

NARCISO PARIGI – INNO DELLA FIORENTINA
Die Hymne des Florentiner Fußballvereins. Und alle grölen mit.

IVAN GRAZIANI – FIRENZE CANZONE TRISTE
Melancholisch, aber schön. Ein Lied über eine ungelebte Liebe.

Den Soundtrack zum Urlaub gibt's auf **Spotify** unter **MARCO POLO Italy**

Oder Code mit Spotify-App scannen

AB INS NETZ

GIRLINFLORENCE.COM
Im Blog von Georgette, die als „Girl in Florence" seit 2012 neue Top-Adressen aufspürt, findet ihr mehr als nur Tipps zum Essen, Ausgehen und Shoppen.

THECURIOUSAPPETITE.COM
Der Blog für Gourmets: Coral Sisk gibt Tipps, wo es schmeckt. Zur Einstimmung hat sie auch Rezepte parat.

THEFLORENTINE.NET
Hier erfahrt ihr, was in der Stadt gerade so los ist. Lifestyle, Kultur, Essen und Trinken und alles, was man wissen muss. Immer aktuell und auf Englisch. Alle zwei Wochen erscheint das Magazin auch in der Printversion.

OSTERIE D'ITALIA (DISSAPORE.COM)
Die italienische Slow-Food-Bewegung empfiehlt außergewöhnlich gute Adressen.

CIAOCIAOFIRENZE.IT
Stefanie, Autorin dieses Marco Polo, gibt weitere Tipps, erzählt Geschichten und informiert über die neuesten Trends in der Stadt – auf Deutsch.

TRAVEL PURSUIT

DAS MARCO POLO URLAUBSQUIZ

Weißt du, wie Florenz tickt? Teste hier dein Wissen über die kleinen Geheimnisse und Eigenheiten von Stadt und Leuten. Die Lösungen findest du in der Fußzeile. Und ganz ausführlich auf den S. 18–23.

❶ Wer hat die Domkuppel geschaffen?
a) Alberti
b) Brunelleschi
c) Michelangelo

❷ Wie heißt der Künstler, der in Florenz Straßenschilder zu Street-Art macht?
a) Clet
b) Jeff
c) Edo

❸ Welche Kleidung trugen Mitarbeiter der Misericordia bis 2006?
a) Orangene Kutten, um in Notsituationen sofort erkannt zu werden
b) Schlichte Outfits von Ferragamo
c) Schwarze Kapuzenkutten mit Augenschlitzen, um uneitel zu helfen

❹ Wer hat das Speiseeis erfunden?
a) Ein Geflügelhändler
b) Caterina de' Medici
c) Der französische König

❺ Wie kamen die Medici zu ihrem Geld?
a) Durch Immobilienspekulation
b) Durch Bankgeschäfte
c) Durch Kunstraub

Lösungen: 1b, 2a, 3c, 4a, 5b, 6c, 7c, 8c, 9a, 10c

Die Domkuppel beherrscht die Florentiner Silhouette

6 Wie wurde Jeff Koons' Statue auf der Piazza della Signoria von den Florentinern aufgenommen?

a) Sie waren begeistert, mal was Zeitgenössisches zu sehen
b) Sie haben sie in einen Vorort transportiert, um die Piazza nicht zu entweihen
c) Sie waren entsetzt, und die Statue musste wieder weg

7 Wer darf nach neuem Reglement nicht mehr beim Calcio in Costume mitspielen?

a) Modeschöpfer Emilio Pucci, weil er immer die Regeln missachtete
b) Spieler unter 25, weil ihnen die geistige Reife fehlt
c) Vorbestrafte, weil sie den Ruf des Spiels gefährden

8 Wer hat dafür gesorgt, dass die Kunstschätze der Medici in Besitz der Stadt übergehen?

a) Lorenzo de' Medici
b) Bürgermeister Goffredo Renzi, Urahne von Ex-Premier Matteo Renzi
c) Anna Maria Luisa de' Medici

9 Was ist Pitti Uomo?

a) Eine internationale Modemesse
b) Ein bekannter Straßenmusiker
c) Der Hund des exzentrischen Designers Pucci

10 Wer/was sollte in der Renaissance im Zentrum stehen?

a) Die Medici
b) Die Kunst
c) Der Mensch

REGISTER

LOB ODER KRITIK? WIR FREUEN UNS AUF DEINE NACHRICHT!

Trotz gründlicher Recherche schleichen sich manchmal Fehler ein. Wir hoffen, du hast Verständnis, dass der Verlag dafür keine Haftung übernehmen kann.

MARCO POLO Redaktion • MAIRDUMONT • Postfach 31 51
73751 Ostfildern • info@marcopolo.de

Impressum
Titelbild: Duomo di Santa Maria del Fiore (Look/Jalag: L. Spörl)
Fotos: DuMont Bildarchiv: C. Anzenberger-Fink (64/65); huber-images: S. Amantini (4, 74), M. Borchi (56, 62, 105, 124, 132/133), P. Canali (2/3, 6/7, 30), S. Cellai (45, 52/53, 128), G. Cozzi (19, 59, 85), Gräfenhain (35), J. Huber (9), S. Kremer (42, 144/145), S. Raccanello (114/115), M. Rellini (28/29, 33), G. Simeone (55, 110/111), O. Stadler (20), L. Vaccarella (61); Laif (51); laif: R. Celentano (112/113), S. Gladieu (94/95), P. Hauser (98); Laif: D. Schmid (91); Laif/con/TerraProject: M. Borzoni (92); laif/contrasto: S. Donati (101); laif/Gallo Images/Ideas: E. O'Riley (66/67); Laif/hemis.fr: P. Hauser (79), R. Mattes (41); laif/robertharding: C. Morucchio (127); Look: Richter (23); Look/age fotostock (36/37); S. Matthias (147); mauritius images/Alamy (46, 48, 58, 72, 87, 88), S. Abbondio (11), D. Parker (38), M. Ramirez (8); mauritius images/Alamy/ Wietse Michiels Travel Stock (Klappe aussen, Klappe innen, 1); mauritius images/Alamy/Alamy Stock Photos: R. Bishop (10), Mira (80/81), Pilarsg (102); mauritius images/Alliance/Alamy (106/107); mauritius images/Clearview/Alamy (108/109); mauritius images/Cultura: S. Delauw (142/143); mauritius images/Imagebroker: M. Wolf (122); mauritius images/MARKA/Alamy (120); mauritius images/Scenics & Science/Alamy (14/15); Schapowalow: S. Amantini (71), M. Borchi (12/13, 131); S. Spieler (147); O. Stadler (77)

17., aktualisierte Auflage 2023

Autorinnen: Stephanie K. J. Matthias, Caterina Romig Ciccarelli, Stefanie Elisabeth Spieler
Redaktion: Marlis v. Hessert-Fraatz
Bildredaktion: Ina-Marie Inderka
Kartografie: © MAIRDUMONT, Ostfildern (S. 116–117, 119, 123, 126, 130, Umschlag innen, Umschlag außen, Faltkarte); © MAIRDUMONT, Ostfildern, unter Verwendung von Kartendaten von OpenStreetMap, Lizenz CC-BY-SA 2.0 (S. 26–27, 31, 43, 49, 54, 63, 68–69, 82–83, 96–97)
Als touristischer Verlag stellen wir bei den Karten nur den De-facto-Stand dar. Dieser kann von der völkerrechtlichen Lage abweichen und ist völlig wertungsfrei.
Gestaltung Cover, Umschlag und Faltkartencover: bilekjaeger_Kreativagentur mit Zukunftswerkstatt, Stuttgart; Gestaltung Innenlayout: Langenstein Communication GmbH, Ludwigsburg
Spickzettel: in Zusammenarbeit mit PONS Langenscheidt, Stuttgart
Konzept Coverlines: Jutta Metzler, bessere-texte.de
Printed in Poland

FSC www.fsc.org MIX Paper | Supporting responsible forestry FSC® C018236

MARCO POLO AUTORIN
STEFANIE SPIELER
Florenz hat eine magnetische Wirkung. Ist man einmal da, kommt man einfach nicht mehr weg. Und so wurden aus mehreren Monaten viele Jahre. Die Autorin, die heute am Deutschen Institut in Florenz Deutsch als Fremdsprache unterrichtet, hat, bevor sie Fach und Land wechselte, in Nürnberg Kommunikationsdesign studiert.

BLOSS NICHT!

FETTNÄPFCHEN UND REINFÄLLE VERMEIDEN

SICH VON HAUSNUMMERN VERWIRREN LASSEN

Hausnummer 8 und Hausnummer 74r an einem Haus? Das ist keine Verwirrungstaktik! Mit blauen oder schwarzen Nummern werden die Gebäude nummeriert, rote Nummern (r) dagegen sind für Geschäfte und Restaurants.

GETRENNT BEZAHLEN WOLLEN

Die Rechnung vor dem Kellner auseinanderzudividieren, kommt nicht so gut an! Entweder einer zahlt alles oder man teilt durch die Anzahl der Gäste. Nachrechnen zu Hause ist natürlich gestattet.

VOR DEM DOM PICKNICKEN

...und auch nicht vor den Uffizien! Es ist verboten, auf den Bürgersteigen und auf den Stufen vor den Hauptsehenswürdigkeiten zu futtern. Das Verbot gilt für die Via de' Neri, den Platz vor den Uffizien und vorm Dom, die Piazza del Grano und die Via della Ninna. Die Strafen liegen zwischen 150 und 500 Euro.

DEN CAFFÈ IM SITZEN NEHMEN

Kaffeekultur wird großgeschrieben, aber bleibt lieber stehen! Ansonsten kostet der *caffè*, der Cappuccino oder was auch immer gleich doppelt so viel wie an der Theke.

ANARCHISTISCH AUTOFAHREN

Fahrt auf keinen Fall in die verkehrsberuhigte Innenstadt (ZTL). Die Kontrollkameras funktionieren gut und blitzen jeden, der durchfährt. Mittlerweile kommen Strafzettel auch bis nach Deutschland. Falschparken, Fahren außerorts ohne Licht oder ohne Warnweste im Kofferraum, zu schnell fahren und Handy oder Alkohol am Steuer werden streng geahndet.